I0786835

# TRAUER

## Erste Hilfe für die Wochen nach Deinem Verlust

Karin Abriel

**1. Auflage 2021**

Kindle Direct Publishing
**www.meintempo.at**

ISBN: 9798711170068

für DICH


**oft sah ich dein gesicht**
die verschiedenfarbigkeit deiner augen faszinierte mich
schon immer-
**oft sah ich dein gesicht**
in ihm spiegelten sich wider
die liebe und güte deines wesens

**ich sah dein gesicht**
in ihm erkannte ich wild durcheinandergeworfene eindrü-
cke
deines tuns, deines seins-
**ich sah dein gesicht**
umgeben von der einen farbe
die mich an stärke und reinheit denken lässt

**ich sehe dein gesicht noch immer**
wenn deine augen sprechen könnten
was würden sie mir alles erzählen?
**ich sehe dein gesicht noch immer**
jeder eindruck hinterließ eine furche
mehr oder weniger tief

**ich liebe dein gesicht**
ich werde dich nie vergessen!

# Inhalt

# Teil 1

# Vorwort

<u>Warum Dich das Buch genau zur richtigen Zeit erreicht</u>

Lass es mich so sagen...

Es ist wundervoll, dass Du gerade JETZT dieses Buch in Händen hältst.

Das, was Dir gerade passiert, ist eine absolute Ausnahmesituation. Umso mehr, da sie in unserem Leben und unserer Gesellschaft wenig Beachtung findet.

Der Verlust eines Menschen durch den Tod ist – so natürlich er ist, im ewigen Kreislauf des Lebens – in unserer mitteleuropäischen Kultur eine Tatsache, die wir viel zu lange negieren.

Wir versuchen, uns durch Ablenkung und Ignoranz dorthin zu flüchten, wo es sicher ist, wo es nicht weh tut und wo so lange wie möglich ein Zustand von Wohlbefinden aufrecht erhalten werden kann.

DU bist jetzt aber nicht an diesem Ort!

Du bist jetzt in einer Situation, die völlig natürlich ist und gleichzeitig so unwirklich erscheint.

Der Tod und die damit verbundene Trauer – wie auch immer sie sich gerade äußern mag – haben realer denn je Einzug in Dein Leben gehalten.

Vielleicht kennst Du diese beiden Gäste bereits von früher?

Vielleicht wurdest Du schon mehrmals von ihnen überrumpelt?

Vielleicht hast Du Dir bis jetzt aber auch ein Leben erschaffen, in dem der Tod und die Trauer noch keinen eigenen Platz zugewiesen bekommen haben?

Egal, wie oft Du bereits in ähnlichen Situationen warst, egal wie viele Menschen um Dich herum bereits in ähnlichen Situationen waren, JETZT ist einzigartig, so einzigartig wie DU.

JETZT ist zu vergleichen mit einem unvorhersehbaren Unfall, der auf einmal Dein Leben radikal verändert. Denn auch wenn wir die Nähe des Todes bereits in unsere Gedanken aufgenommen haben, sein plötzliches und unabänderliches Moment, wirft uns immer aus der Bahn, ob wir uns nun darauf vorbereitet haben oder nicht.

Das, was bei einem Unfall am Meisten zählt, ist die Erste Hilfe. Wenn sie gewissenhaft stattfindet, werden eventuelle Folgeerscheinungen in jedem Fall abgeschwächt bis verhindert.
Erste Hilfe wirkt durch Verbände, die fein säuberlich über die Wunde gelegt werden, ebenso wie durch Rezepte, wie die nächsten Wochen mit der Wunde gestaltet werden müssen, damit der Heilungsprozess so gut wie möglich unterstützt wird.

Mit diesem Buch leiste ich Erste Hilfe nach Deinem erlittenen Verlust!
Ich kümmere mich um Deine Wunden, wie auch immer sie sich zeigen. Ich begleite Dich durch den Heilungsprozess, der bereits damit begonnen hat, dass Du gerade JETZT diese Zeilen liest.
Gemeinsam gehen wir Schritt für Schritt mit dem Ziel, dass Du Deine Trauer immer ein Stückchen besser kennenlernst, sie bestenfalls begrüßt und ihr als wertvolle Begleiterin einen Platz in Deinem Leben gewährst.

Vorweg, ich begleite Dich NICHT beim Loslassen, denn Dein geliebter Mensch muss nicht losgelassen werden – er hat einen immerwährenden Platz in Deinem Herzen. Auch wenn sich das zu Lebzeiten vielleicht anders angefühlt hat: Dass Du jetzt diese Zeilen liest, macht deutlich, dass da eine Verbindung war, ist und sein wird. Über die Grenzen unserer alltäglichen Wirklichkeit hinaus.
Lass uns also diesen Weg gemeinsam beschreiten!

Erste Hilfe leiste ich Dir in den kommenden Kapiteln dadurch, dass ich Dich liebevoll an die Hand nehme, mit Dir durch Deine Trauer gehe, die so einzigartig ist wie Du.

In den nächsten Wochen wirst Du Dich selbst ein Stück weit besser kennenlernen. Womöglich entdeckst Du Seiten an Dir oder auch an Deinem geliebten verstorbenen Menschen, die Dir zu dessen Lebzeiten nicht bewusst waren. Und das ist gut so! Das ist wichtig! Es ist unglaublich wertvoll, wenn all das Raum bekommt, was sich in nächster Zeit zeigen wird.

ALLES ist erlaubt, alles ist richtig, es gibt kein falsch.
Deine Seele kennt den Weg durch die dunklen Tage – immer.

Wir machen das gemeinsam!

Herzlich,
Deine Karin

**Anmerkung:**

Das Buch soll ein Ratgeber sein, der leicht zu lesen ist. Vieles, das ich beschreibe, besitzt keine wissenschaftliche Herangehensweise, auf die ich auch keinen Anspruch erhebe.
Es kann vorkommen, dass ich auf das Gendern der Geschlechter verzichte, dies einzig und allein dazu, den Lesefluss zu erleichtern.
Ich verwende im Text sehr bewusst die 2. Person, also das Du. Damit möchte ich Dich so gut es geht persönlich ansprechen. Auch wenn wir einander nicht persönlich kennen, ist es mir ein Herzensanliegen, Dich in Deiner Einzigartigkeit auf dem Weg durch Deine Trauer zu unterstützen.

**Ich fühle mich Dir verbunden!**

# 1. Wie geht Trauer?

Trauer ist wohl eines jener Gefühle, das wir erst im Laufe unseres Lebens näher kennenlernen. Das aber auch nur dann, wenn wir es schaffen, unser Befinden gefühlter Trauer zuzuordnen.

In den vielen Jahren, in denen ich mit Menschen nach einem Verlust arbeite, sind mir folgende Fragen immer wieder begegnet:

Wie trauere ich richtig?
Wie sollte ich mich jetzt fühlen?
Wie muss ich mich verhalten?

Diese gefühlte große Unsicherheit ist leider ein Phänomen unserer Zeit. Wir leben in einer Gesellschaft, die unangenehmen Gefühlen wenig Raum schenkt. Ganz oft werden Menschen völlig zu unrecht psychiatriert, wenn sie ihren unangenehmen Gefühlen bewusst begegnen.
Sie werden in Therapie geschickt und mit allerlei Medikamenten versorgt, um wieder „zu funktionieren".
Versteh´ mich bitte nicht falsch. Es ist völlig in Ordnung, wenn wir uns Hilfe und Unterstützung bei professionellen Stellen suchen. Es ist auch völlig nachvollziehbar, dass besondere Situationen in unserem Leben eine besondere Hilfestellung brauchen. Dabei können natürlich auch Medikamente für einige Zeit eine große Stütze sein.
Ich möchte damit lediglich zum Ausdruck bringen, dass wir in den meisten Fällen einfach nicht gelernt haben zu trauern oder generell all unsere unangenehmen Gefühle zuzulassen.
Wenn sie dann aber doch einmal auftauchen, wird so schnell wie möglich versucht, wieder die gefühlte Normalität herzustellen. Wir lenken uns ab oder verschieben die notwendige Auseinandersetzung einfach auf später, aufs nächste Mal.

Auch hier möchte ich betonen, dass das so durchaus in Ordnung ist.
Ich wünsche mir nur, dass Du Deine Gefühle, Deine Befindlichkeiten, Deinen Schmerz, Deine Freude und so viel mehr, ins Leben einlädst. Denn nur um Dich geht es hier jetzt gerade!

*„Trauer kennt kein Patentrezept.*
*Wir lernen sie nicht in der Schule.*
*Wir haben zumeist auch nur wenige*
*Vorbilder durch nahestehende Menschen."*

Trauer ist ein wenig beachtetes Randthema in unserer Gesellschaft. Ein Thema, mit dem man sich wie unter Schockstarre nur kurzzeitig befasst. Der Dienstgeber sieht in den meisten Fällen vor, dass man nach Verlust eines nahen Angehörigen, ein bis zwei Tage von seiner Arbeit freigestellt wird. Nach dieser Zeit sollte man am besten schnellstmöglich wieder zur Normalität übergehen.
So sagen es auch viele Ratgeber. Es sei gut für Dich, wenn wieder Alltag einkehrt. Es sei gut, wenn Du Dein normales Leben mit all Deinen normalen Aufgaben weiterführst.
JA – das KANN tatsächlich hilfreich sein.
Aber ich möchte Dich dabei begleiten und bestärken, dass Du das nicht tun MUSST. Der Verlust Deines geliebten Menschen ist kein Normalzustand.
Es ist ein absoluter Ausnahmezustand, der höchst verwirrend, dunkel, schwer und hoffnungslos erscheinen KANN.
Umso mehr, da wir in Mitteleuropa in einem Kulturkreis leben, wo sich erst in letzter Zeit vermehrt ein neuer Zugang zu Tod, Sterben und Trauer öffnet.
Die Farbe unserer Trauer hat seit dem 19. Jahrhundert schwarz zu sein. Bis dahin galt weiß als Farbe der Trauer.

Eine Zeit lang gab es auch die Direktive, dass eine Witwe erst nach einem Trauerjahr wieder eine neue Beziehung eingehen dürfe.

Unsere Begräbnisrituale sind immer noch sehr starr. Ich war in den letzten Jahren auf unzähligen Begräbnissen - Freude oder Leichtigkeit haben dort wenig Platz. In unseren Breiten gilt vorrangig das Gebot des gesenkten Kopfes und der gebückten Haltung, um sich des Verstorbenen in angemessener Art und Weise würdig zu erweisen.

Ich habe auch die Erfahrung gemacht, dass wir in einer Kultur ohne Spiritualität leben. Zumindest aber in einer Gesellschaft, die allem, was unsichtbar für unsere menschlichen Augen ist, wenig Bedeutung und Bewusstsein beimisst.
Wie soll so eine Gesellschaft denn umgehen mit dem Unergründlichen?
Starre Religionen helfen da meist auch nicht weiter, da sie oft völlig abgetrennt vom „wirklichen" Leben sind und nur ein sehr eingeschränktes Weltbild von Gut und Böse zulassen.

Aufgrund all dieser Umstände ist es doch nur natürlich, dass sich für ganz viele Menschen eine Menge an Fragen und Verwirrung in der Ausnahmezeit nach einem erlittenen Verlust ergeben.

*„Wir haben keine erkennbare Kultur mehr."*

Das, was bis jetzt da war – in unseren Breiten vorrangig die Begleitung der katholischen Kirche – wird sehr langsam durch etwas abgelöst, das noch nicht wirklich tiefe Wurzeln schlagen konnte.
Etwas, das mehr ist, als ein gesenkter Kopf beim Begräbnis.
Etwas, das über genormte Trauerzeiten hinauswächst.
Etwas, das einzigartig ist, wenn es darum geht, einen Verlust zu verarbeiten.
Etwas, das alles sein kann.

Etwas, das sich am ehesten mit tiefem Bewusstsein und Vertrauen beschreiben lässt. Vertrauen ins Leben wie in den Tod. Vertrauen darauf, dass es viel mehr gibt, als wir mit unseren Augen sehen können.

*„Nur DU bestimmst, wie Deine Trauer zu sein hat!"*

Du mit Deiner Geschichte. Du mit Deiner einzigartigen Weise, Dein Leben zu beschreiten und mit Deinem Verlust umzugehen.

Und noch einmal: Alles darf – nichts muss!

Im nächsten Kapitel geht es darum, was Deine Trauer so einzigartig macht und warum es so unglaublich wertvoll ist, Dich selbst zu kennen, um in weiterer Folge mit Deiner Trauer gut umgehen zu lernen.

# 2. Deine Trauer – so einzigartig wie Du!

Dein geliebter Mensch ist gestorben. Eine Tatsache, die jedem einzelnen von uns, unabhängig von Herkunft, Religion und Status, irgendwann in unserem Leben widerfährt. Und das zumeist mehrfach.
Und doch ist jede einzelne Situation höchst individuell.

> *„Deine Geschichte ist es, die Dich jetzt völlig unterschiedliche Dinge fühlen lässt."*

Deine eigene Geschichte und die Geschichte, die Dich mit dem Menschen verbindet, der vor kurzem gegangen ist.

Nur allzu oft hadern wir nach dem Verlust eines geliebten Menschen mit uns und stellen uns folgende Fragen:

Haben wir uns gut genug gekümmert?
Hätten wir öfters richtig miteinander reden sollen?
Was wäre passiert, wenn wir dieses oder jenes anders gemacht hätten?

Die eine Frage, die immer wieder auftaucht in solchen Situationen – und die oft schwer auf den Hinterbliebenen lastet – ist diese:
„Hat er/sie gewusst, wie sehr ich ihn/sie geliebt habe?"
Natürlich kommt es auch vor, dass wir mit dem Verstorbenen hier auf Erden ein eher zwiespältiges Verhältnis hatten, dass vieles noch da ist, das ungesagt blieb, dass vieles verdrängt, ignoriert oder hinten angestellt wurde.
Diese Dinge erschweren es uns, einen guten Abschied von allem zu nehmen, was für unser Auge sichtbar ist. Das, was die Beziehung vielleicht kompliziert gemacht hat, wirkt auch nach dem Tod – oftmals besonders intensiv – in uns nach.

Ich möchte Dir jetzt nicht sagen, dass das normal ist und dass es vielen so geht. Damit helfe ich Dir wahrscheinlich nicht weiter.
Das, was ich Dir aber auf Deinen Weg mitgeben möchte, ist ein Gedanke, der Dich in nächster Zeit vielleicht ein wenig trösten kann:

*„Die Beziehung, die Du mit einem Menschen zu Lebzeiten*
*hattest, endet nicht mit dem Tod.*
*Alles, was Eure Beziehung ausgemacht hat,*
*bleibt bestehen. Es ist nie zu spät die Beziehung*
*zum Verstorbenen aufleben zu lassen.*
*Alles, was Du tust und denkst, wirkt sich*
*unmittelbar aus.“*

Alles, was zu Lebzeiten aus verschiedenen Gründen nicht möglich war, ist JETZT möglich.
Mir ist dabei eines sehr wichtig:
Es darf alles heilen und gleichzeitig muss nichts wieder gut gemacht werden!

Verstehst Du, worauf ich hinaus will?

*„Wenn Du etwas heilen möchtest,*
*dann heile den Teil in Dir, der weh tut.*
*Wenn Du etwas ändern möchtest,*
*dann ändere Deine Sichtweise.“*

Du musst nichts gut machen oder bereuen. Wenn auch nur eine winzige Sache, die die Beziehung zum Verstorbenen ausgemacht hat, nach dem Tod bewussten Einlass in Dein Leben erhält, ist diese ein Stück weit heiler geworden.
Du kannst nichts rückgängig machen, sondern nur vorwärts gehen.

Und das ist gut so!

Positive Veränderung ist immer möglich. Sie schenkt Vertrauen, dass vieles, das Euch auf unterschiedliche Weise verbunden hat, bestehen bleibt – lediglich in anderer (besserer?) Form.

Ganz gleich welcher Weltanschauung oder Konfession wir angehören oder was wir glauben, wo die Seele eines Menschen hingeht, wenn sie den Körper verlässt, bin ich absolut überzeugt davon, dass nichts für immer verloren geht. Und schon gar nicht das, was wir „Geist" oder „Seele" nennen.
Alles, was wir tun und denken, wirkt sich auf unsere unmittelbare Umgebung sowie auf das große Ganze aus.

Tröstet Dich das ein wenig?

In Kapitel 4 gebe ich Dir Möglichkeiten an die Hand, die Dich dabei begleiten können, die Beziehung zu Deinem Verstorbenen auf neue Weise in Dein Herz zu lassen.

So einzigartig die Beziehung zu dem Menschen war, der gegangen ist, so einzigartig bist auch Du in Deinem Dir innewohnenden Wesen.

# 3. Vier wesentliche Umstände, die zu Deiner Trauer beitragen können

## 3.1 Deine Beziehung zum verstorbenen Menschen

Ein Großteil Deiner Trauer wird vermutlich von der Tatsache bestimmt, welche Beziehungsqualität Dich mit dem verstorbenen Menschen zu dessen Lebzeiten verbunden hat. War Euer Verhältnis tendenziell positiv und sind zu Lebzeiten eventuell vorhandene Unstimmigkeiten bereinigt worden, dann sind das gute Voraussetzungen, um auf wundervolle Art und Weise mit Deinem geliebten Verstorbenen verbunden zu bleiben.

Ich kann mir gut vorstellen, dass das für Dich noch in weiter Ferne liegt. Zu groß ist der Schmerz, der Dich jetzt einnimmt.

Aber ich möchte Dir sagen, dass Du bereits zu Lebzeiten des Verstorbenen einen großen Teil dazu beigetragen hast, um für immer in Liebe verbunden zu bleiben – lediglich in anderer Form.

War dies nicht der Fall, dann plagen Dich nach Deinem Verlust womöglich viele Gedanken, die alle auf das gleiche hinauslaufen: „Was wäre gewesen, wenn ...?“.
Viele Gefühle kommen nun hoch, unangenehme Gefühle, vielleicht Wut, Schuld und Verzweiflung, weil vieles ungesagt blieb und nun nicht mehr „erledigt“ werden kann.
In diesem Fall bist Du besonders gefordert, die jetzt auftretenden Gefühle gut wahrzunehmen, um irgendwann auch damit Frieden schließen zu können.

Keine Sorge, das ist möglich und Du wirst dorthin kommen!

Auch dafür gebe ich Dir in Kapitel 4 Möglichkeiten an die
Hand, wie es gelingen kann, mit all Deinen auftretenden
Gefühlen in dieser Zeit umzugehen.

## 3.2 Deine individuelle Persönlichkeit

Wie bei jedem anderen Lebensbereich auch, hängt Deine Bereitschaft und Fähigkeit, Trauer zuzulassen und Dich auf Deine Trauer einzulassen, in entscheidendem Ausmaß von Deiner Persönlichkeit ab.
Deine ersten Erfahrungen sammelst Du in jedem Fall in Deiner Kindheit. In dieser sehr sensiblen Phase Deines Lebens lernst Du, wie Deine unmittelbaren Bezugspersonen im Hinblick auf ihr eigenes Gefühlsleben und vorherrschende Bedingungen reagieren.

Dein Verhalten in bestimmte Situationen ist somit ein Zusammenspiel aus Deiner genetischen Veranlagung und Deinen erlernten Mustern, mit Gegebenheiten umzugehen.

Wir alle tragen unsere Prägungen und Muster hinein ins Leben. Besonders herausfordernde Situationen sind auch immer ein Anlass, uns von all dem, was nicht mehr dienlich ist, bewusst zu lösen.
Das, worum ich Dich bitte, ist:

*„Hab Vertrauen in Deine eigene Kraft!*
*Hab Vertrauen, Deine Trauer und*
*den Schmerz aushalten zu können!*
*Hab Vertrauen in Dein eigenes Tempo*
*und Deinen individuellen Weg!"*

Ja, auch dann, wenn Du nicht zu den Glücklichen gehörst, die ein hohes Ausmaß an Resilienz* ihr Eigen nennen dürfen.
Ich bin überzeugt davon, dass Du das schaffst! Sonst würdest Du gerade jetzt diese Zeilen nicht lesen.

*Resilienz ist die Bezeichnung für die psychische Widerstandsfähigkeit, Krisen zu bewältigen.

## 3.3 Die Umstände des Todes

Deine Trauer bahnt sich in jedem Fall ihren Weg. Und das in der Zeit, die dafür benötigt wird. Ob sie wie ein Tornado über Dich hereinbricht, oder schön langsam in Dein Leben kommt, kann aber auch davon abhängen, wie die Umstände waren, die zum Tod desjenigen Menschen geführt haben, den Du betrauerst.

> *„Bei langer Krankheit mit viel auf und ab,*
> *empfinden viele Hinterbliebene den Tod*
> *zunächst als große Erleichterung."*

Sowohl für den Verstorbenen selbst, als auch für ihr eigenes Leben.  Das ist vollkommen in Ordnung! Solltest Du gerade so fühlen, verurteile Dich bitte nicht. In diesem Fall hast Du Dich sicher schon länger mit dem möglichen Tod auseinandergesetzt, bist im Geiste wahrscheinlich viele verschiedene Szenarien mehrmals durchgegangen, zwischen Hoffnung, Verzweiflung und Trauer. Dass Du Dich jetzt erleichtert oder auch nur erschöpft und leer fühlst, ist vollkommen normal.
Ich möchte Dir noch einmal in Erinnerung rufen: „Alles darf – Nichts muss!"

Wenn der Tod plötzlich und unvorhergesehen eingetreten ist, zum Beispiel durch einen Unfall oder einen Herzstillstand, dann kann es vorkommen, dass Du zunächst völlig erstarrt bist. Viele Hinterbliebene fühlen in dieser Situation nach dem anfänglichen Schock einfach rein gar nichts. Auch das ist völlig normal!

Solltest Du einen nahestehenden Menschen durch Selbstmord verloren haben, dann sind Dein Geist und Deine Seele besonders gefordert. Der Umgang mit diesem Thema, das nach wie vor so stark tabuisiert wird, braucht viel Offenheit und vor allem Zeit. Nur zu oft sind die vorherrschenden Gefühle von Schuld, Scham und Sprachlosigkeit geprägt.

Ganz gleich in welcher Situation Du gerade bist, ich möchte Dir noch einmal versichern:

> *„Deine Trauer wird Dich finden und*
> *Deine Seele kennt den Weg! Immer!*
> *Bitte hab Geduld mit Dir!"*

## 3.4 Das Alter des verstorbenen Menschen

Ein langes und erfülltes Leben ist wohl eines der höchsten
Ziele von uns Menschen.

*„Wenn wir einen geliebten Menschen ziehen lassen müs-*
*sen, kann die Tatsache unglaublich tröstend sein, dass*
*sein Leben mit vielen wunderbaren Momenten und glück-*
*lichen Zeiten erfüllt war."*

Der Schmerz fällt dadurch kein bisschen geringer aus, jedoch können wir die Tatsache des Todes im natürlichen
Kreislauf des Lebens oftmals leichter akzeptieren.

Ist der verstorbene Mensch jedoch in seinem besten Alter
von uns gegangen, hatte noch viel vor im Leben, hinterlässt
vielleicht eine Familie mit kleinen Kindern, dann kann unsere Trauer übermächtig werden. Die Tatsache, dass ein
Leben, das gefühlt noch lange nicht fertig war, nun vorzei-
tig endet, kann unser Verstand nicht fassen.
Unsere Trauer bezieht sich dann nicht nur auf den Verlust,
sondern auch darauf, dass so viel gemeinsame Zukunft nun
nicht mehr gelebt werden kann.

Der unglaubliche Schmerz, der gefühlt wird, wenn ein
Kind frühzeitig von uns geht, ist für Außenstehende niemals zu ermessen.
Bis die Trauer hier ins Leben Einzug halten kann, vergeht
oftmals viel Zeit. Die Fassungslosigkeit und Hilflosigkeit
stürzt viele Angehörige und Hinterbliebene in einen Ab-
grund, der nur mit viel Zeit und Raum, überwunden werden
kann.

Bitte verstehe mich richtig:

*„Dein Schmerz nach einem Verlust
kann niemals zu groß oder zu wenig sein,
kann nicht verglichen oder eingeordnet werden,
denn er ist einzigartig. So einzigartig wie Du!"*

# 4. Den Schmerz zulassen – oder: Was Dich jetzt erwarten kann

Zunächst möchte ich noch einmal betonen, dass es niemals ein „richtig", „falsch" oder „normal" bei Deiner Trauer gibt!
Dieses Kapitel darüber, was Dich in nächster Zeit erwarten kann, möchte ich Dir trotzdem ans Herz legen. Bei vielem, das sich in der Zeit nach einem erlittenen Verlust zeigen kann, gibt es viele Gemeinsamkeiten zwischen Menschen.

Um Erste Hilfe nach Deinem Verlust leisten zu können, möchte ich Dir zunächst einen Überblick über mögliche Phasen Deiner Trauer geben, um Dich dann im nächsten Kapitel an die Hand zu nehmen und Dich bei Deinem ganz individuellen Weg unterstützen zu können.

Die beschriebenen Trauerphasen stützen sich vorrangig auf die Forschungen der Psychologin Verena Kast sowie der Psychiaterin Dr. Elisabeth Kübler-Ross.
Mir ist bewusst, dass sich das womöglich sehr theoretisch für Dich anhört, aber lass es mich vereinfacht so sagen: Egal wie viel Theorie hinter diesen Phasen steckt, die Aussage dahinter ist:

ALLES IST MÖGLICH UND JEDER SCHMERZ BRAUCHT SEINE ZEIT!

## Mögliche Phasen Deiner Trauer

Zunächst kann es sich für Dich vielleicht so anfühlen, als wäre alles nur ein Traum oder ein Irrtum.
Kurz nach Deinem Verlust fühlst Du Dich womöglich völlig leer.
Viele Hinterbliebene haben in dieser Zeit die Angst, nicht „richtig" zu trauern, da ihre Gefühle wie erstarrt sind.

Vielleicht hast Du auch Schwierigkeiten mit anderen Menschen über Deinen Verlust zu sprechen. Einfache Alltagssituationen fallen Dir schwer.
In dieser Zeit kannst Du Dich richtiggehend "eingefroren" fühlen. Das ist völlig normal!
Wie lange diese Zeit dauern kann, hängt aber stark davon ab, wie die Umstände des Todes des geliebten verstorbenen Menschen waren. So können beim einen bloß einige Stunden, beim anderen aber auch mehrere Wochen vergehen.

Mit der Zeit kann es vorkommen, dass Du wieder mehr Deiner Emotionen wahrnimmst. Oftmals ist es das überwältigende Gefühl der Wut, das sich seinen Weg bahnt.
So kann sich Deine Wut gegen Dich selbst oder auch gegen andere richten.
Vielleicht bist Du wütend darüber, dass viele Dinge mit dem verstorbenen Menschen ungesagt blieben.
Manchmal neigen wir in dieser Zeit auch zu Schuldzuweisungen.

Altes bricht auf, Neues findet noch keinen Platz.
Gerade jetzt kann es vorkommen, dass Deine Emotionen Achterbahn fahren und Du hin und hergerissen bist zwischen unterschiedlichen Gefühlen.

Viele Gefühle sind nun an der Oberfläche. Da jetzt wahrscheinlich einige Zeit seit dem Verlust Deines geliebten Menschen vergangen ist, wird sich dieser vermehrt in Deinem Alltag zeigen. Die Erinnerung an gemeinsame Erlebnisse und Momente, die Eure Beziehung ausgemacht haben, kommen oftmals sehr schmerzvoll in Dein Bewusstsein. Es ist nicht ungewöhnlich, wenn sich nun auch sehr dunkle und depressive Tage einstellen.

Vielleicht gibt es aber auch schon die Tage, an denen Du bewusst wahrnimmst, dass Du vieles, was Euch verbunden hat, nun auch alleine in Deinem Leben zulassen kannst. Das passiert vor allem dann, wenn Du die Zeit nach Deinem Verlust mit allem, was sich zeigt, sehr bewusst erlebst. Es ist möglich, dass auf diese Weise Wochen, Monate oder Jahre vergehen. Alles darf sein!

Und dann, ... dann kehrt in den meisten Fällen Ruhe ein. Alles, was sich gezeigt hat, alles, was noch einmal angesehen werden wollte, führt schließlich dazu, dass Dein geliebter verstorbener Mensch seinen Platz in Deinem Leben neu gefunden hat.

Vielleicht hast auch Du nun vieles in Deinem Leben neu durchdacht und geordnet.

Es ist unglaublich schön, wenn Dein geliebter Verstorbener nun ganz bewusst ein Teil Deines Lebens bleibt, wenn alles, was Eure Beziehung hier auf Erden ausgemacht hat, geklärt ist, wenn Deine Trauer ein wichtiger Teil in Deinem Leben sein darf.

Und ja, es kann vorkommen, dass sich bereits durchlebte Phasen und Gefühle erneut zeigen. Immer und immer wieder. Auch das ist völlig normal, vor allem in herausfordernden Zeiten.

Bitte hab Geduld mit Dir und gib Deiner Seele Zeit!

„Wir müssen von Zeit zu Zeit eine
Rast einlegen und warten,
bis unsere Seelen uns wieder eingeholt haben."
(Indianische Weisheit)

# Teil 2

<u>Schritt für Schritt durch Deine Trauer</u>

Im Folgenden geht es mir darum, Dich genau JETZT zu unterstützen und zu begleiten. Dich dort abzuholen, wo Du gerade stehst und Dir alles Erdenkliche an die Hand zu geben, damit Du so gut wie möglich durch die nächsten Wochen und Monate kommst.

> *„Mein Wunsch für Dich ist es, dass Dein Weg*
> *Dich dorthin führt, wo Du Deine Trauer als Begleiterin*
> *in Dein Leben integrieren kannst.*
> *Eine Begleiterin, die Dich trägt, Dir Mut macht und Ver-*
> *trauen lehrt."*

# 5. Wie gehe ich mit meinen unterschiedlichen Gefühlen um?

Die Flut der Gefühle, die Dich nach einem Verlust überwältigen, ist mit nichts anderem zu vergleichen. Lass mich Dir noch einmal sagen:

*„ALLE Gefühle sind ok!"*

Und alle Gefühle haben sowohl mit dem verstorbenen Menschen als auch mit Dir zu tun. Die Wucht, mit denen sie nach dem Tod auf Dich einströmen können, ist so heftig, dass Du Dich womöglich selbst nicht mehr kennst. Vielleicht zweifelst Du auch an Dir, weil Du gerade so oder so oder eben gar nichts fühlst. Oder Du haderst mit Dir, weil Du denkst, Du müsstest dieses oder jenes fühlen und Dich dementsprechend verhalten.

*„Bitte vertraue Dir und Deinen Gefühlen und
lade sie als wichtige Wegweiser in Dein Leben ein.
Auch gar nichts zu fühlen ist vollkommen in Ordnung!"*

Wir Menschen haben unglaublich viele Muster und Prägungen, die wir erlernt haben. Mit den meisten Situationen kommen wir zurecht, weil wir auf Erfahrungen zurückgreifen können, die sich mehr oder weniger bewährt haben.
Natürlich kann es auch vorkommen, dass wir einen großartigen Verdrängungsmechanismus unser Eigen nennen. In diesem Fall hat unsere Seele meistens keine Möglichkeit mit der Situation umzugehen. Das ist vollkommen in Ordnung!
Eine Ausnahmesituation, wie sie der Verlust eines Menschen darstellt, bringt durch die Macht der Situation nicht selten Verdrängtes zum Vorschein. Altes, irgendwo in Körper und Geist Abgespeichertes, bahnt sich mit enormer Kraft seinen Weg nach Draußen.

Das kann unmittelbar nach dem Tod passieren oder erst Wochen, Monate oder Jahre später.

*„Der Tod ist ein Thema, das uns immer wieder auch zu uns selbst zurückbringt."*

Wir leben von Geburt an im Angesicht des Todes, meiden es jedoch, uns mit der Endlichkeit auseinanderzusetzen. Wir haben keine Vorbilder diesbezüglich und lernen es auch nicht in der Schule, mit der Tatsache des Todes umzugehen.
Deshalb sind wir oftmals wie erstarrt, wenn die ungeheure Macht des Todes einen uns nahestehenden Menschen trifft.
Wir kennen uns selbst in dieser Situation nicht und haben oftmals keine Vorerfahrungen, wie es gelingen kann, damit umzugehen.
Die Gefühle fahren Achterbahn, unzählige gut gemeinte Ratschläge von Mitmenschen verwirren uns oft noch zusätzlich.

**Erste Hilfe:**

Atme! Atme mit tiefen Atemzügen in Deinen Bauch und spüre dabei Deine Füße am Boden. Mache dies mehrmals am Tag und ganz bewusst. Dein Atem bringt Dich immer wieder zurück zu Dir und Deinen Gefühlen. Auch, wenn die Welt im Außen noch so tobt.

Es mag Dir vielleicht banal erscheinen, wenn ich Dich bitte, zu atmen. So scheinbar simpel unser Atemvorgang von der Sekunde unserer Geburt an vor sich geht, so machtvoll ist er.

Angesichts einer Verlustsituation passiert es häufig, dass wir „völlig neben uns stehen", unglaubliche Hilflosigkeit spüren und sprichwörtlich „den Boden unter den Füßen verlieren".
Deinen Fokus auf Deine Atmung zu richten, kann Dir dabei helfen, dass sich das Chaos um Dich herum weniger bedrückend anfühlt.

Je öfter am Tag Du bewusst zu Deinem Atem zurückfindest, desto mehr kann Dein Geist Klarheit bekommen.

Es kann sein, dass sich Dein Körper dabei absolut wehrt, Dein Brustkorb sich wie ein Panzer anfühlt und Deine Füße einfach nicht ruhig am Boden stehen wollen. Das ist in Ordnung! Bitte hab Geduld mit Dir!

## 5.1 Angst

Ein besonders machtvolles Gefühl von uns Menschen ist
jenes der Angst.

In ganz vielen Fällen geht unsere Angst damit einher, dass
wir das Gefühl haben, die Kontrolle zu verlieren. Und
wenn wir die Kontrolle verlieren, verlieren wir auch unseren Anspruch, uns sicher fühlen zu können.
Natürlich weiß unser Verstand, dass es keine garantierte
Sicherheit im Leben gibt.

*„Der Tod eines nahestehenden Menschen konfrontiert uns
mit dem allerhöchsten Kontrollverlust."*

Wir können nichts tun, um dieses Ereignis aufzuhalten oder
rückgängig zu machen.
Dadurch ist es vollkommen normal, dass Angst und Be-
klemmungsgefühle hochkommen.
Noch einmal: Wir haben nicht gelernt, uns dem Tod zu stellen.
Vielen Generationen vor uns war dies aufgrund der vorherrschenden Lebensumstände nicht möglich. Den Alltag
auf das Stillen der Grundbedürfnisse auszurichten und damit verbundene Existenzängste, waren keine Seltenheit.
Um den Tod eines Angehörigen bewusst betrauern zu können, fehlten Zeit und Möglichkeiten.
Selbst unserer Elterngeneration fehlen in vielen Fällen
noch die Worte und die Möglichkeiten, sich mit der gewal-
tigen Tatsache des Todes auseinanderzusetzen.
Woher also sollst Du jetzt wissen, wie Du mit Deinem
Schmerz, Deiner Hilflosigkeit und dem gefühlt vorherrschenden Chaos umgehen sollst?
Ich sage Dir das, damit Du weißt, dass der Tod ein Thema
ist, das noch viel Bewusstsein in unserer Gesellschaft
braucht, um seinen entsprechenden Platz im Leben jedes
einzelnen einnehmen zu können.

Zurück zu Dir und Deiner Angst, die womöglich gerade einen Teil Deines Empfindens ausmacht. Die Angst, wie es
weitergehen soll. Die Angst, wie Du jemals ohne den verstorbenen Menschen leben kannst. Die Angst, die Du
fühlst, weil Du nicht weißt, wie der Schmerz jemals weniger werden soll.
Wenn die Angst überhandnimmt, dann kann es vorkommen, dass sie sich zur Panik auswächst.
Diese Panik kann so groß werden, dass Du nicht mehr zur
Ruhe kommen kannst, nicht mehr schlafen kannst und all
Deine Gedanken ständig im Kreis laufen.
Bei dem Ausnahmezustand, in dem Du Dich gerade befin-
dest, ist das gar nicht so selten.
Deine Panik ist ein Ausdruck großer Verzweiflung und
Hilflosigkeit angesichts der neuen Situation, mit der Du
noch nicht umgehen kannst.
Lass alles zu, was sich zeigt!

Eine ganz besondere Angst von uns Menschen ist die Verlustangst. Deshalb möchte ich ihr hier ein paar eigene Zeilen widmen.

Nur allzu oft wird in unserer Gesellschaft die Meinung ver-
treten, dass Verlustängste ganz klar aus frühkindlichen Erfahrungen entstehen. Wenn unsere Bezugspersonen nicht
achtsam genug waren, wenn prägende Erlebnisse von Verlust stattgefunden haben oder wir vernachlässigt wurden,
dann wirke sich das auf unsere Angst aus.
Das mag durchaus seine Berechtigung haben.

Ich bin jedoch überzeugt davon, dass selbst bei Fehlen der oben genannten Aspekte, unsere angeborene, natürliche menschliche Verlustangst riesengroß sein kann.
Hier wirkt wieder das Phänomen unserer Zeit:

*„Wir sind es nicht gewohnt,
dass das Leben auch Verlust bedeutet. "*

Wir versuchen mit aller Kraft, diesen zu vermeiden oder unter Kontrolle zu halten. Wir sind ständig bestrebt, etwas zu bekommen und haben nicht gelernt, auch wieder etwas gehen zu lassen.

Der natürliche Kreislauf von Annehmen und Loslassen, wie er sich zum Beispiel im Wechsel der Jahreszeiten zeigt, im Wachsen und Verblühen, im Ein- und Ausatmen, im Prozess Nahrung aufzunehmen und wieder abzugeben und eben auch im Geborenwerden und Sterben, ist für uns Menschen oftmals nur sehr schwer zu akzeptieren. Wir trauern im beginnenden Herbst dem Sommer hinterher.
Wir versuchen, mit aller Kraft unsere Jugend festzuhalten. Wir leben allzu oft in der Vergangenheit, weil wir die Gegenwart nicht akzeptieren wollen.

Als ehemalige Lehrerin halte ich es für absolut notwendig, dass wir bereits unseren Kindern Möglichkeiten an die Hand geben, mit den natürlichen Veränderungen des Lebens umzugehen, sie zu ehren und für das eigene Wachstum zu nutzen.

Ich erzähle Dir das, weil es vielleicht dazu beiträgt, dass Du auch Dich ein Stück weit besser verstehst. Dich mit Deiner Angst. Dich mit Deinem Schmerz.

*„Das Gegenteil Deiner Angst ist Dein Vertrauen.
Dein Vertrauen ins Leben wie in den Tod.*

*Dein Vertrauen in den ewigen Kreislauf allen Lebens,*
*in dem nichts für immer verloren geht.*
*Auch wenn wir es mit unseren Augen*
*nicht mehr sehen können. "*

Ganz gleich welcher Religion Du angehörst und was Du glaubst, wo die Seele eines Menschen hingeht, wenn sie den Körper verlässt, kann das Vertrauen in den Kreislauf des Lebens ein wichtiger Ankerpunkt in Deinem Leben und in Deiner Trauer sein.

## Erste Hilfe:

Lege Deine Hände auf Dein Brustbein, nahe Deines Herzens. Schließe Deine Augen. Spür, wie Dein Atem sanft kommt und geht. Verbinde Dich nun mit Deinem verstorbenen Menschen, indem Du ihn ganz bewusst in Deiner Herzgegend wahrnimmst. Lenke Deinen Atem bewusst in Deine Herzgegend zu Deinen Händen. Vielleicht fließen Tränen, vielleicht gelingt es Dir auch nicht sofort, die Verbindung zu spüren. Alles ist in Ordnung!

Sollten gefühlte Panik oder sogar Panikattacken in der Zeit nach Deinem Verlust Einzug in Dein Leben halten, dann gebe ich Dir hier natürliche Möglichkeiten an die Hand, damit umzugehen:

Trinke täglich mehrere Tassen Melissentee, Lavendeltee oder Tee aus grünem Hafer. Diesen kannst Du auch mit Milch und etwas Zucker verfeinern.
Diese Tees beruhigen Deine Angst und stärken Dein Vertrauen.

Bei allen Angstzuständen sind auch Baldriantropfen gut geeignet. Du kannst sie tagsüber nehmen oder/und abends vor dem Schlafengehen. Am besten hat sich eine Dosis von einem halben Teelöffel, 2 bis 3 mal täglich bewährt.

Um Vertrauen ins Leben und in seinen Kreislauf zu haben, ist unsere Erdung von großer Bedeutung. Diese passiert körperlich über unsere Füße.
Ein warmes Fußbad, zum Beispiel mit Lavendelöl, erdet Deinen Körper und Deine Seele.
Schenke Deinen Füßen besondere Aufmerksamkeit!
Um Deine Seele dabei zu unterstützen, Vertrauen ins Leben und seine Unendlichkeit zu bekommen, sind auch Düfte hervorragend geeignet.

Besonders empfehle ich Dir Rose oder Rosengeranie, am besten in einer Duftlampe, im Diffuser oder auch auf einem Taschentuch, das Du stets bei Dir trägst.
Diese Öle kannst Du auch tröpfchenweise zu Deiner normalen Hautpflege geben.

Wenn Du abends im Bett liegst und es Dir schwer fällt, Deinen Geist und Deinen Körper zur Ruhe zu bringen, dann nimm Deinen Zeige- und Deinen Mittelfinger und lege sie auf Dein Brustbein auf Höhe Deiner Brustwarzen. Dieser Akupunkturpunkt hilft Dir dabei, Deine Angst gehen zu lassen und Körper und Geist zu entspannen.

Wie bereits erwähnt, ist unsere Atmung ein oft unterschätztes und sehr wertvolles Instrument, um unseren Geist zu stabilisieren.
Nimm tiefe Atemzüge in Deinen Bauch und stell Dir vor, dass die Luft über Deine Beine und Fußsohlen wieder ausströmt. Mach diese Übung mehrmals am Tag. Das kann Dir helfen, Schritt für Schritt Deine Angst in Vertrauen umzuwandeln.

*„Nichts geht verloren. Es ist nur nicht hier".*
*(Anke Maggauer-Kirsche)*

## 5.2 Wut

Eine weitere Emotion, die sich hemmungslos und kraftvoll
ihren Weg bahnen kann, ist die
Wut.

> *„Kaum jemand von uns hat erfahren dürfen,*
> *guten Gewissens wütend sein zu können. "*

Wut wird in vielerlei Hinsicht als negativ angesehen. In un-
serer Gesellschaft gilt der Anspruch, sobald diese Emotion
aufkeimt, so schnell wie möglich wieder einen angepassten
Zustand zu erlangen.
Im Angesicht eines unwiederbringlichen Verlustes, können
wir dieses Gefühl jedoch in ungeahnter Heftigkeit erleben.
Wenn die Wut einmal Einkehr in unser Leben gehalten hat,
dann ist sie so unglaublich machtvoll, kreierend und zer-
störerisch zugleich.
Den Ursprung der aufkeimenden Wut zu kennen, stellt uns
Menschen oftmals vor ein Rätsel.
Deine Wut kann sich jetzt gegen einfach alles richten. Du
kannst wütend sein auf das Leben, auf den Verstorbenen,
die Krankheit, den Unfalllenker, oder auf die Tatsache,
dass du dieses oder jenes verabsäumt hast.
Deine Wut kann sich aber auch völlig irrational zum Ausdruck bringen, beispielsweise indem sie bei einer bloßen
Aussage eines Mitmenschen, einer Situation im Super-
markt, oder bei einem Film, plötzlich und unberechenbar
zum Vorschein kommt.

Wenn Wut auftritt, sucht sie sich ihren Weg - immer. Wir
kennen uns dann manchmal selbst nicht mehr wieder, weil
wir in den meisten Fällen nicht gelernt haben, unsere Wut
zu akzeptieren und sie als Antrieb zu nutzen.

Vielleicht fragst Du Dich jetzt, wozu Du Deine Wut nun als Antrieb nutzen sollst? Sie ist einfach da und macht sich in unterschiedlichen Situationen bemerkbar. Sie ist wild, heftig und unberechenbar.

Wut ist als Zeichen von Wachstum zu deuten. Der Verlust eines Menschen lässt uns wachsen. Und Wachstum braucht Kraft, die oftmals dann freigesetzt wird, wenn wir uns in einer Extremsituation befinden.

Deine Wut ist immer ein Hinweis darauf, dass irgendetwas im Leben noch nicht befreit ist. Vielleicht ist es die Beziehung zum Verstorbenen, vielleicht ist es die Wut auf Dich selbst, vielleicht kannst Du sie auch einfach nicht deuten. Oder vielleicht ist es alles zusammen.

Deine Wut braucht in jedem Fall Raum – viel Raum!

## Erste Hilfe:

Der allerwichtigste Schritt ist der, Deine Wut da sein zu lassen. JA! Sie ist völlig in Ordnung und zeigt Dir, dass Du noch lebst.

Wenn Du spürst, dass Du wütend bist, dann verurteile Dich nicht, selbst wenn sie sich gegen den verstorbenen Menschen richtet.

Nutze Deine Wut als Antrieb! Sie ist eine Chance, die sich zeigt, damit etwas, das lange blockiert war, wieder in Fluss kommt.

Wenn Du nicht weißt, woher Deine Wut kommt und Du Dich ihr völlig hilflos ausgeliefert fühlst, dann fühle bei den kommenden Zeilen mal in Dich hinein, ob sich etwas davon stimmig anfühlt.

Bei Wut gegen den Verstorbenen:

Es kommt sehr häufig vor, dass wir Wut gegen den Menschen empfinden, der gerade gestorben ist. Vieles, das uns zu Lebzeiten bewusst war, hat womöglich nie wirklich Gehör gefunden. Entweder, weil wir nicht dazu in der Lage waren, uns mitzuteilen, oder weil unser Gegenüber sich verschlossen hat.

*„All das Ungesagte, jede gefühlte Emotion, die unterdrückt wurde, alles, das zu Lebzeiten keinen Raum bekommen hat, ist nicht einfach mit dem Menschen gestorben.“*

Ganz im Gegenteil. Es bahnt sich oft gnadenlos gerade jetzt den Weg nach Draußen. Den Weg in Dein Bewusstsein.
Und das ist gut so!
So ist etwas möglich, das viele „Heilung“ nennen. Mach Dir keine Sorgen darüber, wenn es nicht zu Lebzeiten des Verstorbenen möglich war, bestimmte Dinge zu klären und zu bereinigen.

*„Tu es einfach JETZT!“*

Das meine ich, wenn ich sage, du sollst Deine Wut als Antrieb nutzen!
Verzeihe, wenn es etwas zu verzeihen gibt.
Akzeptiere das, was nicht geändert werden kann.
Lade Dankbarkeit in Dein Leben ein.
Versuche, so gut Du kannst, Dich auf die Liebe und das Mitgefühl einzulassen.

Sei nachsichtig mit allem, was sich zeigt.
Ich bin der absoluten Überzeugung, dass jeder Mensch so „gut“ lebt, wie er es eben kann. Unser Verhalten beeinflussen unzählige Muster und Prägungen. Es braucht sehr viel Kraft und Bewusstsein, diese zu hinterfragen und gegebenenfalls zu verändern. Das ist gerade für viele unserer Mitmenschen aus der älteren Generation sehr schwierig. Sie sind unter Umständen aufgewachsen und geprägt worden,

die wir – zum Glück – zumeist nicht mehr nachvollziehen können.

Vielleicht kennst Du die Herangehensweise der systemischen Familientherapie? Diese besagt, dass sich ein ganzes System verändern kann, wenn sich „nur" ein Rädchen im System verändert. Denn alles ist miteinander verbunden.

Und genau deshalb möchte ich Dich an dieser Stelle auffordern, Deine Wut als Antrieb zu nutzen, um heil zu werden. Heil in Dir und heil mit Deinem Familiensystem.

> *„Wir sind alle miteinander verbunden.*
> *Es gibt eigentlich keinen Ort,*
> *an dem Du anfängst und ich aufhöre."*
> (Marianne Williamson)

<u>Bei Wut auf Dich selbst:</u>

Auch dieses mächtige Gefühl der Wut, die sich gegen Dich selbst richtet, ist keine Seltenheit. Schon gar nicht im Zusammenhang mit dem Verlust eines Menschen.
Wir haben oft nicht gelernt, uns selbst liebevoll zu begegnen. Auch hier fehlten uns einfach lange Zeit Vorbilder. Wir sind in einer Gesellschaft groß geworden und haben unsere Kindheit zumeist noch in einer Zeit erlebt, in der mehr Augenmerk auf unsere Unzulänglichkeiten gelegt wurde als auf unsere Begabungen und Ressourcen.

> *„Wir haben nicht gelernt, uns selbst zu vertrauen."*

In einer Situation, in der wir uns dermaßen ohnmächtig fühlen, können nur sehr wenige von uns liebevoll auf sich selbst schauen. Der Großteil macht sich Vorwürfe, entwickelt Aggressionen gegen die eigene Unfähigkeit, die Unabänderlichkeit des Todes aufzuhalten und sucht regelrecht nach eigenen Fehlern und Schwächen.

Auch das ist eine der bereits angesprochenen Prägungen.
Wir haben es nicht anders gelernt.
Aber auch, wenn dem so ist, kannst Du Deine Wut als An-
trieb nutzen, Dir selbst ein Stück näher zu kommen.


*„Worauf bist Du bei Dir besonders wütend?“*


Versuche auch hier den liebevollen Blick einzunehmen und
in eine Haltung des Verzeihens zu kommen. Vielleicht tust
Du es gerade zum allerersten Mal. Du hast zu jedem Zeitpunkt Deines Lebens so gehandelt, wie es Dir möglich war.
Mit dem Verzeihen bekommt die Dankbarkeit Raum. Die
Dankbarkeit für die gemeinsame Zeit, die gemeinsam erlebten Momente und die Möglichkeit, am anderen zu wachsen – über den Tod hinaus.


Bei allgemeiner Wut:


Wenn Dich nach dem Verlust eines Menschen das Gefühl
der Wut immer wieder zu überwältigen droht, Du es nicht
ergründen kannst und keinen Kanal findest, sie wieder los-
zuwerden, dann werde still.
Leg Dich oder setz Dich auf den Boden oder auf einen Ses-
sel. Achte darauf, dass Deine Füße gut am Boden stehen.
Lege beide Hände auf Deinen Herzbereich und atme in
Deinen Bauch. Das kann eine große Herausforderung sein,
da Wut ein Gefühl ist, das sehr viel Kraft hat. Diese Kraft
zeigt sich oft als Widerstand.
So kann es vorkommen, dass sich Dein Körper absolut
wehrt gegen das Stillwerden und zur Ruhe kommen. Das
ist völlig normal.


Atme bewusst in Deinen Widerstand, einige Male, bis es
gelingt, Deinen Körper und Deinen Geist zu erden und zu
beruhigen. Hierbei kann es helfen, wenn Du in genau jenen
Bereich atmest, auf dem Deine Hände liegen. Ein...und aus.

Achte besonders auf die Ausatmung, denn sie wirkt besonders befreiend.

*„Wir Menschen sind es nicht mehr gewöhnt,
richtig zu atmen.“*

Wir atmen flach und die Einatmung ist oftmals tiefer als die Ausatmung. Wir nehmen unglaublich viel über Geist und Körper auf und können nur schwer loslassen, indem wir richtig tief und lang ausatmen.
Wenn Du Dich darauf einlassen kannst, Deinen Widerstand auszuatmen, dann kann es sein, dass sich Deine Wut wandelt, dass sie zu fließen beginnt, dass sie der Trauer weicht, die nun ihren Platz einnimmt.
Und das ist gut so!

*„Wut ist meistens ein Zeichen dafür,
dass unsere Lebensenergie blockiert ist.“*

Wenn diese Blockade zu bröckeln beginnt, bekommt all das, womit wir im Leben lernen dürfen umzugehen, wieder Raum. Es mag sein, dass sich das dann sehr unangenehm anfühlt, sogar unangenehmer als vorher. Das liegt daran, dass sich unsere Wut oftmals wie ein Schutzmantel über alles legt, was weh tut.

*„Wut schmerzt nicht so wie Trauer.“*

Deshalb ist sie für uns Menschen oftmals leichter zu ertragen.

## 5.3 Schuld

Ein sehr prägendes und nachhaltiges Thema, das viele von uns bereits in frühester Kindheit kennengelernt haben, ist jenes, sich schuldig zu fühlen.

Wir wurden in den meisten Fällen nicht dazu angehalten, für uns selbst einzustehen und haben nicht gelernt, Konflikte offen auszutragen.

Schuld war in den letzten Jahrzehnten ein riesengroßes Thema und wurde von Generation zu Generation weitergegeben.

Unsere Vorfahren hatten zu Lebzeiten mit riesengroßen Belastungen zu kämpfen. Unsere Großväter und Urgroßväter mussten in den Krieg ziehen und dort für ihr Land oftmals ihre Überzeugung und ihr Leben opfern. Oder aber auch Leben nehmen. Die Schuld, die dadurch auf Generationen lastet, konnte bis jetzt nicht ausreichend geheilt werden.

Deshalb fühlen sich heute noch unglaublich viele Menschen schuldig. Dieses Gefühl ist in den Genen verankert.

Warum ich Dir das erzähle?
Weil viele Menschen, wie Du und ich, vielleicht zu genau denen gehören, die sich vor allem nach einer Verlusterfahrung übermäßig schuldig fühlen können.

*„Ein Teil dieses Schuldgefühls liegt womöglich gar nicht in der Geschichte mit dem verstorbenen Menschen, sondern an der Tatsache, dass „sich schuldig zu fühlen" nach wie vor ein Phänomen unserer Zeit ist."*

Soweit die Theorie.

Natürlich gibt es nach einem Verlust aber auch ganz konkrete Situationen und Ereignisse, die uns schuldig fühlen lassen.

Wir fühlen uns schuldig, weil wir den Verstorbenen nicht oft genug besucht oder angerufen haben. Wir fühlen uns schuldig, weil viele Dinge, die wir mit uns herumschleppen, ungesagt blieben. Wir fühlen uns schuldig, weil wir dieses oder jenes nicht gemacht oder gesagt haben, und wir verurteilen uns für unsere Unfähigkeit, alles zu Lebzeiten richtig gemacht zu haben.

*„Bitte nimm die Last von Deinen Schultern*
*und atme alles aus, was Dich quält.*
*Du hast zu jedem Zeitpunkt Deines Lebens so*
*gut gehandelt, wie Du eben konntest!"*

Das Tückische am Schuldgefühl ist, dass es unglaublich lähmend sein kann und – anders als die Wut – sich nach Innen richtet und uns aushöhlen kann. Wir kommen aus der Dauerspirale aus Denken, Grübeln und uns selbst Verurteilen nur sehr schwer wieder heraus.

## Erste Hilfe:

Wenn die Schuldgefühle nach Deinem erlebten Verlust überhand nehmen und sich Dein Kopf im Kreis dreht, dann mache folgendes:

Lege Deine Hände auf Dein Herz und atme tief in Deinen Bauch.
Beginne nun langsam damit, bei jedem Ausatmen alles, was Dich belastet, loszulassen. Bei jeder Einatmung verbinde Dich mit der Dankbarkeit in Dir für die gemeinsam erlebte Zeit.

Wenn Du möchtest kannst Du beim Ausatmen auch laut, leise oder in Gedanken die Worte „Ich verzeihe mir!" sprechen.

Im Kapitel „Trauerrituale" gebe ich Dir noch ein weiteres hilfreiches Instrument an die Hand, vorhandene Schuldgefühle zu transformieren.

## 5.4 Hilflosigkeit

Nichts anderes macht uns Menschen so unglaublich hilflos, wie die Tatsache, den Tod durch Nichts und Niemanden abwenden zu können.

Die Endgültigkeit des Lebens ist für uns Menschen nur sehr schwer zu begreifen. Unser Verstand kann es einfach nicht fassen und unser Herz weiß oftmals nicht, was es glauben darf. Allzu sehr haben wir Menschen uns von unseren eigenen Wurzeln, unserer ursprünglichen, natürlichen Spiritualität entfernt.

Wir können meist nur mit Dingen umgehen, die für unsere Augen auch sichtbar sind.

Der Tod ist ein Aufbruch ins große Unbekannte, das für uns Menschen so unglaublich schwer greifbar ist. Was wir nicht mit unseren Augen sehen können, können wir nur sehr schwer begreifen. Aber der Tod zwingt unseren Verstand dazu, den geliebten Menschen ziehen zu lassen.

> *„Unser Verstand ist stark. Sehr stark. Es ist unwahrscheinlich schwer für ihn, einen*
> *Aufbruch ins Ungewisse zu vollziehen."*

Und genau das macht uns hilflos. Wie gerne würden wir die Endgültigkeit des irdischen Lebens und das Danach verstehen und begreifen können.

Wo unser Verstand nicht mitkommt, bleiben wir hilflos zurück. Auch das ist ein Phänomen unserer verstandesorientierten Zeit.

> *„Wir sind hilflos, weil wir keine oder schlichtweg*
> *zu wenige Wurzeln haben."*

Was uns Menschen hier auf Erden trägt, was uns festigt, was uns Gelassenheit und Vertrauen schenkt, ist unsere Anbindung an das „Große Ganze", wo Nichts für immer verloren ist und alles auf ewig miteinander in Verbindung steht.

Das muss keine bestimmte Religion oder Glaubensausrichtung sein.
Wir dürfen wieder lernen, dass das Leben - genauso wie der Tod - ein natürlicher und sich ständig wiederholender Kreislauf ist.

Du fragst Dich, wie Dir das bei Deiner gefühlten Hilflosigkeit vor der Endgültigkeit Deines Verlustes und bei Deiner Trauer dienlich sein kann? Lass mich Dir folgendes sagen:

*„Je mehr Anbindung an das „Große Ganze" vorhanden ist, je mehr Vertrauen Du in den ewigen Kreislauf des Lebens hast, in dem Nichts für immer verloren geht, desto eher wird sich Deine Trauer wandeln. Sie wird Raum schaffen für alles, wofür Du dankbar und demütig sein kannst."*

Wir müssen endlich wieder zulassen, dass unser Leben auch eine unsichtbare Komponente hat, die ebenso wesentlich zu unserem Menschsein beiträgt. Erst dann werden wir auch wieder eine entsprechende Trauerkultur entwickeln können.

Wer oder was auch immer diese unsichtbare Kraft für Dich sein mag – Gott, das Universum, die Schöpferquelle oder einfach nur Energie, die sich ständig transformiert: Sei Dir aus ganzem Herzen bewusst, dass es diese Kraft gibt. Auch wenn Deine Augen sie nicht sehen können.

Der Tod eines Menschen lehrt uns immer wieder, uns genau dieser Quelle des Lebens und Sterbens zuzuwenden. Uns zu öffnen für die unsichtbare Wirklichkeit, die unser Herz und unsere Intuition ins Leben bringt.

*„Woran „glaubst" Du? Oder besser:*
*Was nimmst Du wahr?"*

Was auch immer es ist – lade es in Dein Leben ein. Verbinde Dich mit der Unendlichkeit des Lebens und des Todes. Damit gelingt es Dir, Deine Hilflosigkeit in Vertrauen zu wandeln. In ein tiefes Vertrauen, das es Dir ermöglicht, mit Deinem geliebten Menschen weiterzuleben. Lediglich in anderer Form.

Und genau das wünsche ich mir aus ganzem Herzen für Dich!

Konkrete Möglichkeiten, mit Deiner Quelle in Verbindung zu treten, bekommst Du von mir im Kapitel „Trauerrituale".

## 5.5 Heiterkeit und Freude

Wie wunderbar, dass wir Menschen über die Fähigkeit verfügen, uns freuen zu können. Lachen zu können. Fröhlichkeit empfinden zu können.
Selbst wenn wir trauern, schließt das einander nicht aus.
Es kann also durchaus vorkommen, dass Du Deine Trauerphase frohen Herzens durchlebst.
In vielerlei Hinsicht ist Dir dann wahrscheinlich jener Schritt gelungen, von dem ich im vorherigen Kapitel geschrieben habe:

*„Wenn Du auf den ewigen Kreislauf des Lebens vertraust, dann weißt Du, dass nichts für immer verloren geht. Dann fühlst Du Dankbarkeit für Dein Sein und für alle Menschen, die Deinen Weg bis hierhin begleiten und begleitet haben.“*

Und diese Dankbarkeit kann unglaublich froh machen. Wenn Dein Herz rein ist von Schuldgefühlen, wenn keine Wut auf die Endgültigkeit des Todes vorhanden ist und Du die Verbindung mit allem, was geboren wird und stirbt, fühlst, dann bist Du frei.

Dann kannst Du voller Liebe auf all das blicken, was Dir das Leben mit dem verstorbenen Menschen geschenkt hat.
Alles worüber ihr gelacht habt.
Alles, was Euch verbunden hat.
Alles, was ihr miteinander erlebt habt.

In unserer Kultur ist es leider üblich, Trauer mit „traurig sein“ zu verbinden. Die ursprüngliche Wortbedeutung aber ist „die Augen niederschlagen“ bzw. den „Kopf sinken lassen“. Dies kann aber ebenso in einer Haltung der Würde und liebevollen Dankbarkeit geschehen.

Deine Trauer ist so einzigartig wie Du! Vertraue Dir, gehe
den Weg durch die Trauer Schritt für Schritt.
Alles, was ist, darf sein.
Alles, was ist, ist in Ordnung.
Alles, was ist, kann Dich ein Stück weit mehr zu Dir führen. Und damit auch ein Stück weit näher zu dem Menschen, der gegangen ist.

# 6. Welche Auswirkungen kann meine Trauer haben?

Nur allzu oft dominiert uns unser Denken, unser rationaler Verstand.
Er ist ein großartiges Instrument, um uns im Alltag zurechtfinden zu können.
In der Zeit nach einem Verlust, kann er jedoch unglaublich hinderlich sein. Denn nun geht es darum, ganz zu uns selbst zu kommen, unser Herz, und manchmal auch die Beziehung zum verstorbenen Menschen, zu heilen.
Über einen Verstand, der jahrelang trainiert und geprägt wurde, ist das nur schwer möglich.

> *„Verurteile Dich bitte nicht, wenn Du sehr verstandesorientiert bist!"*

Du bist vollkommen in Ordnung so wie Du bist! Dein Verstand wird in unserer Gesellschaft unentwegt gefüttert und hervorgehoben. Wir denken über das Denken nach und verlieren dabei oftmals den Bezug zu unserem wahren Selbst: Unserem Herzen. Und unserem Körper.

> *„Dein Körper ist ein großartiger Lehrmeister während Deiner Trauer!"*

Einige körperlichen Symptome, die jetzt auftreten können, habe ich ja bereits erwähnt.
Hier bekommst Du von mir noch einmal Möglichkeiten an die Hand, Deinen Körper und Deinen Geist in dieser fordernden Zeit gezielt zu unterstützen.

## 6.1 Schlafstörungen

Schlafen ist Loslassen. Alles, was unseren Geist davon abhält, zur Ruhe zu kommen, darf gehen.
In der Zeit der Trauer, in der der geliebte verstorbene Mensch in Gedanken und im Alltag noch nah bei uns ist, fällt es uns oft unglaublich schwer, unseren Geist und Körper zur Ruhe zu bringen.

Schlafstörungen sind in dieser Zeit keine Seltenheit, etwa die Schwierigkeit, entspannt einzuschlafen oder durchzuschlafen.

## Erste Hilfe:

Ich möchte Dir hier erprobte und wertvolle Hausmittel an die Hand geben, die Dich bei akuten Schlafstörungen unterstützen können:

Innere Anwendung als Tropfen:

<u>Baldrian</u>
Dosierung bei Schlafstörungen: 1 Teelöffel 2 mal täglich einnehmen. Die zweite Einnahme sollte etwa eine halbe Stunde vor dem Zu-Bett-Gehen erfolgen.

*Anwendungshinweise:*
Die Gesamtdosis sollte nicht ohne Rücksprache mit einem Arzt oder Apotheker überschritten werden.

<u>Zitronenmelisse</u>
Dosierung: 30 Tropfen 1 bis 3 mal täglich oder je nach Bedarf in Wasser oder Saft einnehmen.

Äußere Anwendung als Tee:

Die angeführten Tees kaufst Du am besten in Bio-Qualität im Reformhaus oder in der Apotheke. Probiere einfach aus, welcher Tee bei Dir die beste Wirkung zeigt.

<u>Lavendel:</u> pro Tasse 1 bis 2 Teelöffel Lavendelblüten aufgießen, bis zu 5 Minuten ziehen lassen, 2 bis 3 Tassen täglich

<u>Orangenblüte:</u> pro Tasse 1 bis 2 Teelöffel Orangenblüten aufgießen, bis zu 5 Minuten ziehen lassen, 1 bis 2 Tassen abends

<u>Melisse:</u> pro Tasse etwa 2 Hand voll frische Melisse oder getrocknet aus der Apotheke nach Geschmack ziehen lassen und mehrmals täglich trinken, am besten vor dem Schlafengehen

<u>Hopfenzapfen:</u> pro Tasse 1 Teelöffel aufgießen, nach 10 Minuten abseihen und sofort trinken, am besten vor dem Schlafengehen

Badezusätze (Fußbad oder Ganzkörper), am besten abends vor dem Schlafengehen:

<u>Lavendelbad:</u> entweder fertigen Badezusatz in guter Qualität oder selbst herstellen. Dazu etwa 1 Tasse frische oder getrocknete Lavendelblüten in 1 Liter Wasser etwa 10 Minuten köcheln lassen, abseihen und zum Badewasser gießen.

<u>Meersalzbad:</u> herkömmliches, grobkörniges Meersalz aus dem Supermarkt (1 – 2 Tassen pro Wanne) oder eine eigene Badezubereitung aus der Drogerie verwenden.

*„Bitte sei Dir bewusst, dass Deine*
*Seele Zeit braucht!“*

Wir Menschen sind es heutzutage gewohnt, ständig leistungsbereit zu sein. Wenn wir das nicht sind, haben wir ein schlechtes Gewissen oder zweifeln an uns selbst.

Bitte tu das nicht! Nach einem Verlust bist Du in einer Situation, die völlig unvermittelt über Dich hereinbricht.
Die geltende Rechtsprechung gesteht Dir 2 Tage Dienstfreistellung zu, wenn ein naher Verwandter gestorben ist.
Danach kehrt schnell der Alltag und der damit verbundene Leistungsdruck wieder ein.

Aber:

Nach dem Tod eines geliebten Menschen befindest Du Dich definitiv in einer Ausnahmesituation, die Zeit braucht, um den Schmerz heilen lassen zu können.

Dein Körper und Dein Geist sind gleichermaßen gefordert. Auch wenn Du körperlich nicht viel tust, arbeitet Dein ganzes System in der Zeit der Trauer unter Dauereinsatz.

Genau das kann unglaublich anstrengend sein.
Leistungsabfall, Schlafstörungen, damit verbundene Tagesmüdigkeit und alle möglichen körperlichen Symptome sind oftmalige Begleiterscheinungen, die in dieser Zeit ihre absolute Berechtigung haben.
Bitte hab Geduld mit Dir!

## 6.2 Appetitlosigkeit

Wenn es uns gut geht, haben wir „Appetit aufs Leben“.
Dann verspüren wir ein regelmäßiges Hungergefühl und
können unser Essen so richtig genießen.

In der Zeit der Trauer braucht Dein Körper zwar viel Energie, doch sehr oft fehlt der Appetit. Manchmal sind wir mit
dem Verlust und unserem Schmerz so sehr beschäftigt,
dass wir uns für einige Zeit vom Leben abwenden.
Auch Gewichtsverlust ist dabei keine seltene Begleiter-
scheinung.

## Erste Hilfe:

Sei sanft mit Deinem Körper.
Am besten ist es in dieser Zeit, wenn Du Deinen Körper
tendenziell mit warmen oder zimmerwarmen Speisen und
Getränken versorgst.

Auch Dein Körper trauert und braucht dazu viel Kraft!

Versuche, alles zu vermeiden, was Deinen Körper zusätzlich belastet, wie zum Beispiel Alkohol und Nikotin im
Übermaß.

Mir ist natürlich bewusst, dass diese Substanzen manchmal
gute Dienste leisten können, da sie unserem System beim
Entspannen helfen.
Bitte geh verantwortungsvoll damit um!

## 6.3 Große Unruhe, Rastlosigkeit, permanentes Denken

Ich kann es nicht oft genug sagen. Nach dem Verlust eines Menschen bist Du in einer absoluten Ausnahmesituation. Wie nach einem Unfall. Dein Körper und Deine Seele brauchen Zeit, viel Zeit, um das Geschehene zu verarbeiten, ins Leben zu integrieren, sich neu auszurichten und weitergehen zu können.
Große Unruhe, Rastlosigkeit und permanentes Denken sind oftmalige Begleiter auf diesem Weg.

Durch den Verlust eines Menschen verlieren wir zumeist auch einen Teil unserer Stabilität, unserer Wurzeln – umso mehr, wenn wir mit dem Menschen, den wir gehen lassen mussten, in enger Beziehung standen, etwa, weil er ein Familienangehöriger war.
Dieses Entwurzeln bringt unser ganzes System durcheinander, unser Fühlen und unser Denken. Vieles, worüber wir uns zuvor nie Gedanken gemacht haben, bricht auf einmal auf und erreicht uns mit einer Wucht, auf die wir uns nicht vorbereiten konnten.

*„Und dann ist da noch dieser Schmerz, den das alles mit sich bringt. Dieser unglaublich tief sitzende Schmerz, der alles ins Wanken bringt.“*

Dieser Schmerz, mit dem wir nicht umgehen können. Dieser Schmerz, der uns zunächst so unwirklich erscheint. Dieser Schmerz, den wir zulassen müssen, um unsere Wurzeln wieder stark zu machen.

Um wieder in Deine Stabilität zu kommen, die es Dir ermöglicht, mit dem geliebten Menschen im Herzen weiterleben zu können, braucht es manchmal Hilfe und Unterstützung von außen. Denn – auch das kann ich nicht oft genug sagen – wir haben es einfach nicht gelernt, mit Verlusten umzugehen. Wir haben nicht gelernt, was es heißt zu trauern. Wir leben in einer Welt, in der Tod und Verlust tabuisiert werden und keinen Platz haben. Woher also sollen wir die Fähigkeit besitzen, mit einer Verlustsituation, die plötzlich über uns hereinbricht, gut und gesund umgehen zu können?

*„Hilfe und Unterstützung anzunehmen, ist ein Zeichen von Stärke. Sich einzugestehen, dass man selbst nicht weitergehen kann, weil einen der Schmerz gefangen hält, kann unglaublich heilsam sein.“*

Wenn Du die Kraft aufbringen kannst, den Weg nach Deinem erlittenen Verlust, alleine zu bewältigen, dann bitte ich Dich besonders gut auf Dich aufzupassen. Vor Allem mit dem Bewusstsein, dass Dir diese Ausnahmesituation unglaublich viel abverlangt. Sowohl seelische als auch körperliche Kraft!

Ich möchte Dir hier gerne einige wertvolle Möglichkeiten ans Herz legen, die Dir dabei helfen können, Deine Wurzeln zu nähren, Deinen Geist zu beruhigen und Deinen Kopf frei zu machen.

## Erste Hilfe:

Deine Wurzeln, Deine Erdung kannst Du immer wieder unterstützen, indem Du vor allem auf Deine Füße achtest.
Gehe so oft wie nur irgendwie möglich barfuß. Ja, genau!
Spüre ganz bewusst, wie Dich die Erde trägt und Dir Vertrauen in den Kreislauf des Lebens schenkt, in dem nichts für immer verloren geht.

Auch Fuß- oder Ganzkörpermassagen helfen besonders gut, den Geist zur Ruhe zu bringen, in den Körper zu kommen und zu entspannen. Gönne sie Dir! Sei gut zu Dir!

Wenn tiefer Schmerz Dein Herz quält, Du nicht zur Ruhe kommst und „aus der Haut fahren könntest", dann gehe in die Bewegung.

Spaziergänge und frische Luft können Wunder wirken. Oftmals bringt Bewegung unsere Trauer „zum Fließen", löst Blockaden und befreit. Ebenso kann lautes Schreien, Weinen und Toben helfen, unseren Schmerz ein Stück weit loszulassen. Auch hier gilt: Die meisten von uns haben es nicht gelernt, ihren Schmerz zu zeigen, schon gar nicht laut.

Wir leben in einer sehr angepassten Gesellschaft und viele von uns sind als angepasste Kinder aufgewachsen. Wut, Aggression und Schmerz laut und wild zu zeigen, wurde uns schnell abgewöhnt.

Lass alles zu, was Dir gut tut und sich leicht und befreiend anfühlt!
Um Deine Trauer zum Fließen zu bringen, Blockaden aufzulösen und den Geist zu erleichtern kann jede Form von Kreativität sehr hilfreich sein. Kreativität unterstützt uns dabei, unser Innerstes nach Außen zu bringen. Das kann ganz leise und sanft passieren, etwa beim Malen oder Schreiben. Aber auch laute und wilde Kreativität, Musik machen oder Singen, sind großartige Begleiter dabei, unsere Gefühle zu ordnen und wieder zu unseren Wurzeln zu finden.

## 6.4 Depression

Wenn die Seele Trauer trägt, dann leidet auch der Körper, wird schwach, angreifbar und dünnhäutig. Die klare Grenze zur Außenwelt fehlt. Das, was überwiegt, sind Schmerz und Leid.

Das ist ganz normal nach einem erlebten Verlust. Du bist nicht krank und musst dafür nicht therapiert werden. Auch im Bett liegen zu bleiben, zu weinen, niemanden sehen zu wollen und Schwierigkeiten zu haben, außer Haus zu gehen, sind völlig normal.

In unserer Gesellschaft neigen wir dazu, schnell zu pathologisieren. Das heißt, wir versuchen möglichst schnell einen „Normalzustand" zu erreichen. Wenn unsere Psyche, unsere Seele, dazu aber noch nicht bereit ist, dann hat das einen triftigen Grund und muss nicht gleich mit Medikamenten und Therapien wiederhergestellt werden.

Wir leben in einer unglaublich schnelllebigen Welt. Aber zu trauern und die Zeit nach einem Verlust zu bewältigen, braucht viel Zeit und Raum. Ich kann nicht oft genug betonen, dass es ausschließlich Dein Tempo ist, das hier zählt!

Das will ich Dir unbedingt sagen!

*„Bitte hab Geduld mit Dir. Bitte gib Deinem Schmerz Raum. Lass zu, dass es weh tut. Das ist notwendig, damit Du gesund bleibst. Schmerz, Trauer und alle dazugehörigen Gefühle zu unterdrücken, ist die Ursache für so viele Krankheiten unserer Gesellschaft. "*

Deine Trauer ist einzigartig. So einzigartig wie Du!

Wenn der Schmerz aber übergroß wird, Dich zu ersticken droht und wenn Du einfach nicht mehr aus diesem dunklen Tal rauskommst, aber vor allem dann, wenn Du selbst das Gefühl hast, es nicht mehr alleine zu schaffen, dann kann es sein, dass Deine Seele in eine Depression verfällt, wie es die westliche Schulmedizin ausdrückt.
Es gibt keine klar definierte Zeitspanne, ab wann Deine Trauer in eine Depression übergeht, die Du womöglich alleine nicht mehr bewältigen kannst.

*„Unsere Seele braucht Zeit, oft sehr viel Zeit,*
*um mit einem Verlust leben zu können.“*

Wenn Deine Trauer immer schwerer auf Dir lastet und Du Dir überhaupt nicht mehr vorstellen kannst, da irgendwann wieder von selbst raus zu kommen, Dein Leben jemals wieder leicht leben zu können, ohne diese riesengroße dunkle Wolke, dann ist es vielleicht an der Zeit, Dich von einem Arzt, Therapeuten oder einer Person Deines Vertrauens unterstützen zu lassen.

Sei gut zu Dir und gib Deiner Seele Zeit und Raum zu trauern. Wenn Du das Gefühl hast, es alleine nicht mehr zu schaffen, dann vertraue Dich bitte jemandem an.
Du allein bestimmst das! Manchmal ist es in dieser Situation sehr hilfreich, auch auf die liebevolle Unterstützung nahestehender Menschen zu hören.

Es ist immer ein Zeichen von Stärke und Selbstfürsorge, sich Begleitung in schwierigen Lebensphasen zu holen. Leider haben wir wenige Vorbilder für liebevolle Selbstfürsorge!

Ob Du in Deiner Trauer anfällig für eine depressive Erkrankung bist, hängt auch von anderen Faktoren ab, etwa der Genetik oder dem Hormonstoffwechsel.

Bitte sei Dir immer bewusst: traurig zu sein, zu weinen, sich hilflos und vom Schmerz überwältigt zu fühlen, ist ein Teil unseres Lebens. Diesen Teil müssen wir zulassen, weil er zu uns gehört. Tun wir das nicht, dann muss es jemand anderer tun, etwa unsere Kinder oder Enkelkinder. Alles, das in einem Familiensystem keine Beachtung findet, wird sich über die verschiedensten Mitglieder so lange zeigen, bis es heil werden kann.

Das bedeutet nicht, dass Du leiden musst. Schmerz ist etwas anderes als Leid. Je mehr wir gegen den Schmerz ankämpfen, desto mehr leiden wir.

*„Schmerz kann Dich verändern.*
*Aber das heißt nicht,*
*dass diese Veränderung schlecht ist.*
*Nimm den Schmerz und mache ihn zu Weisheit.“*
*(Dalai Lama)*

## Erste Hilfe:

Wenn Du gerne sanfte Unterstützung hast, dann können Johanniskrautöl, Johanniskrauttee bzw. Johanniskrautkapseln gute Dienste leisten, Deine depressive Stimmung aufzuhellen. Der Schmerz darf da sein, aber es ist auch wichtig, dass Dein Körper und Deine Seele bereit sind, ihn zu fühlen.

Bei Johanniskrauttabletten (auch Tropfen, Kapseln und Dragees) gibt es verschiedene Dosierungen, einige davon sind rezeptpflichtig. Lass Dich hier bitte vom Arzt oder Apotheker Deines Vertrauens beraten.

Johanniskrautöl kann am ganzen Körper angewendet werden, macht die Haut meist jedoch sonnenempfindlicher. Beim Johanniskrauttee achte bitte auf die Dosierung laut Beschreibung, da auch sanfte Präparate Nebenwirkungen haben können.

Wenn die pflanzliche Unterstützung nicht ausreicht, Deinen Körper und Deine Seele durch die dunkle Zeit zu führen, dann zögere bitte nicht, und nimm ärztliche Hilfe in Anspruch. Achte genau darauf, welchem Arzt Du Dich anvertrauen möchtest. Wenn Du Dich nicht wohl fühlst, dann trau Dich bitte, das auch zu sagen und jemand anderen zu konsultieren.

Wie bereits erwähnt, gibt es oft wenig Erfahrung und Verständnis für alles, was Trauer mit sich bringt.

## 6.5 Körperliche Schmerzen

Unser Körper ist ein sehr feiner Gradmesser. Oftmals sind wir viel mehr geneigt, seine groben und materiellen Signale wahrzunehmen, als die feinen Nuancen unserer Seele.
Es gibt einen wunderbaren Spruch, der das treffend beschreibt:

*„Die Seele sagt zum Körper: Geh Du voran,
mir glaubt man nicht!"*

Wenn wir nicht gelernt haben, uns selbst zu vertrauen und uns nicht ausreichend liebevoll mit unserem Seelenleben beschäftigt haben, dann ist es oft unser Körper, der das Ruder an sich reißt. Sehr gerne tut er das mit Schmerzen.

Schmerzen, die Dich fühlen lassen.
Schmerzen, die so stark sind, dass Du sie nicht weg ignorieren kannst.

Schmerzen, die sich überall im Körper festsetzen können, zumeist ohne erkennbaren Grund.

Wir leben in einer sehr materialistischen Welt. Das Geistige, das Feinstoffliche, das Spirituelle wird oftmals im Alltag außen vor gelassen. So ist es nun mal heutzutage.
Auch die Medizin trägt entscheidend dazu bei, das Physische vom Psychischen zu separieren. Es gibt wenige schulmedizinische Ganzheitsmediziner und die Kluft zwischen Schulmedizin und Alternativmedizin ist zumeist noch recht groß.

Aber der Tod eines nahestehenden Menschen trifft Deine Seele mit voller Wucht, die oft zunächst einmal in eine Art „freeze"- Modus verfällt. Deshalb ist es oft Dein Körper, der Dir durch seine Reaktionen zeigt, wo Deine Seele unterstützt werden möchte.

Als Körperarbeiterin habe ich viele Menschen behandelt, deren Trauer sich im Körper manifestiert hat. Oft über viele Jahre.

Warum ich Dir das erzähle?

Weil ich mir wünsche, dass Du Deinem Körper gut zuhörst. Er ist ein großartiger Wegweiser zu Deiner Seele und damit zu Deiner Trauer und Deiner Kraft.

*„Seelenschmerzen"* manifestieren sich häufig:

<u>Im oberen Brustkorb</u>
Hier können Schmerzen beim Atmen oder ein permanentes Druckgefühl die Folge sein. Auch Schwierigkeiten „richtig durchzuatmen" können sich einstellen.

Im unteren Rücken
Der Rücken trägt energetisch die Vergangenheit. Wenn
diese durch den Tod eines nahestehenden Menschen „auf-
bricht", können starke Schmerzen entlang der Wirbelsäule,
der Bandscheiben und vor allem des unteren Rückens und
Steißbeins die Folge sein.

In den Knien und Gelenken.
Wenn wir um einen geliebten Menschen trauern, verlieren
wir auch ein Stück unserer Stabilität, unserer Erdung, die
uns trägt und Sicherheit schenkt.
Schmerzen und Instabilität vor allem rund um unser Knie-
gelenk, aber auch bei allen anderen Gelenken im Körper,
können in so einer Ausnahmesituation auch darauf zurück-
geführt werden, dass wir gefühlt „den Boden unter den Füßen verlieren".

Als Schmerzen und Juckreiz auf der Haut.
Die Haut als unser größtes Organ nimmt alles, was in unserer Umwelt passiert, unmittelbar auf. Wenn wir trauern,
gehen wir zumeist in unser Inneres, wir werden empfäng-
licher und berührbarer für alles, das von Außen kommt.
Das zeigt sich bei vielen, vor allem sehr sensiblen Seelen,
über den Zustand der Haut.

Als Bauchschmerzen.
Wenn wir trauern, werden wir aus unserer Mitte gerissen.
Der Bauchraum mit seinen Organen wird geschwächt. Dif-
fuse Schmerzen, Verdauungsprobleme und Bauchweh
können vermehrt auftreten.

## Erste Hilfe:

Egal welcher Schmerz sich zeigt, nimm ihn wahr! Lass zu, dass er Dir etwas erzählt und dann kümmere Dich liebevoll um Dich und Deine Genesung.

Natürlich ist es in einigen Fällen sinnvoll, schul-medizinischen Rat und gegebenenfalls Unterstützung einzuholen. Oft ist aber das Bewusstsein darüber, was die Schmerzen verursachen kann, genug, um achtsam und liebevoll darauf zu reagieren.
Einige Möglichkeiten zum Behandeln von Schmerzzuständen:

Bei Beklemmung und Brustenge gibt es einen herausragenden Akupressurpunkt, der auch als Meisterpunkt bezeichnet wird. Er liegt auf Höhe der Brustwarzen mittig am Brustbein.
Sanft drücken, am bestem im Liegen, befreit und lässt durchatmen.

Eine Wärmflasche oder ein heißes Bad helfen, wenn der untere Rücken Dich schmerzt.

Schmerzende Knie und Gelenke brauchen Ruhe, um sich zu erholen. Ich fordere Dich an dieser Stelle auf, aus Wertschätzung für Dich selbst, bewusst auf ausreichend Ruhe zu achten, solange sie Dir gut tut.
Wie bereits erwähnt, ist unser Gesellschaftssystem sehr starr und sich ausreichend Ruhezeiten zu gönnen, selbst nach einem Todesfall, ist oftmals eine Herausforderung.
Wenn Deine Haut schmerzt, Du „dünnhäutig" oder sehr verletzlich bist, rate ich Dir ebenfalls, schädigende Umwelteinflüsse zu minimieren. Das kann ein bewusstes NEIN zu einer Einladung sein oder auch ein bewusster Krankenstands- und Auszeit-Tag, um Dein System zu regenerieren.

Ich rate Dir sehr dazu, Dich, Deinen Körper und Deine
Seele, mit gutem Essen zu nähren und zu stärken. Qualita-
tiv hochwertiges, am besten warmes Essen, ist liebevolle
Fürsorge für Dich selbst.

# 7. Wenn der Schmerz Dich übermannt

Wir alle sind fühlende Wesen. Es ist nur natürlich, dass wir
Trauer und Schmerz fühlen.
Es wird wahrscheinlich Tage in der Zeit Deiner Trauer ge-
ben, an denen Dir alles noch dunkler und bedrohlicher er-
scheint als an anderen.
Und genau durch diese Tage möchte ich Dich begleiten.
Dich an der Hand nehmen. Dir neues Vertrauen und Trost
schenken!

> *„Nachts ist man das, was man eigentlich sein soll.*
> *Nicht das, was man geworden ist."*
> *(Erich Maria Remarque)*

Die dunklen Nächte sind es, die unsere Seele rühren und
uns zu neuer Kraft verhelfen.
Zumeist hat uns niemand beigebracht, damit umzugehen.
Mit der Stille, die eintritt, wenn ein geliebter Mensch fehlt.
Mit der Dunkelheit, die uns einhüllt und manchmal keinen
Lichtstrahl durchlässt.
Mit dem Gefühl des Alleinseins, das wir vorher so nicht
gekannt haben.

Ich möchte Dich an dieser Stelle ermutigen, die Dunkelheit, die Stille und das Alleinsein für Dich und Deine Seele
zu nützen.
Und wenn es Dir schwer fällt, Du tiefen Schmerz fühlst und
sich vor Dir ein endlos schwarzes Loch auftut, dann kann
Dir vielleicht Folgendes dienlich sein:

# 7.1 Über Deinen Verlust sprechen

Gleich einmal vorweg: Ein Verlust ist immer persönlich. Ein Verlust ist mit nichts anderem zu vergleichen. Ein Verlust ist so, als würde man Dir ein Stück Deiner Selbst entfernen.

Und deshalb gibt es sie nicht, DIE RICHTIGEN WORTE, die Dir in dieser schweren Zeit ein Stück Trost schenken können.
Aber es gibt Worte. Worte, die es Dir ermöglichen, Dich ein Stück weniger allein, ein Stück weniger hoffnungslos und ein Stück weniger traurig zu fühlen. So, wie hoffentlich auch die Worte, die Du gerade liest, dazu beitragen können!

Ein Mensch, dem Du vertraust, wird Worte finden, die Dich in diesen Tagen begleiten können.
Wähle mit viel Bedacht, welchen Menschen Du Dich momentan anvertrauen möchtest.
Wie bereits gesagt, RICHTIGE Worte gibt es nicht und der Tod macht uns Menschen leider oftmals immer noch sprachlos. Uns fehlen sprichwörtlich die Worte.

Ich kann mir gut vorstellen, dass es auch Dir gerade so geht. Wahrscheinlich ist es schwer für Dich, das Gefühl tiefer Traurigkeit und Leere in Worte zu packen und damit jemand anderem verständlich zu machen, was gerade in Dir vorgeht.
Wie gesagt, es ist mit nichts anderem zu vergleichen, also hab Geduld mit Dir!

Dich einem anderen Menschen anzuvertrauen, kann jedoch unglaublich befreiend sein.

Wenn Du Menschen um Dich hast, die Dich auch ohne Worte verstehen, Dir ausreichend Raum und Zeit schenken, Worte zu finden, und Dich niemals zu etwas drängen, dann ist das ein riesengroßes Geschenk.
Umgib Dich mit diesen Menschen so oft Du magst.
Wir sind soziale Wesen und unsere Herzen wollen berührt werden.
Hüte Dich vor „Energieräubern", auch wenn sie es noch so gut meinen. Oder auch vor Menschen mit dem „Helfersyndrom".
Erstere erkennst Du daran, dass Du Dich nach dem Kontakt nicht besser fühlst, sondern ausgelaugt. Energieräuber sind Menschen, die Aufmerksamkeit brauchen. Oftmals verpacken sie das sehr geschickt, indem sie sich zunächst für Dich interessieren, dann jedoch schnell abschweifen und die Aufmerksamkeit auf sich ziehen.

Bitte verstehe mich richtig, diese Menschen meinen es nicht böse, sind in Deiner Situation aber besser zu meiden.

Menschen mit dem Helfersyndrom erkennst Du zunächst daran, dass sie Dir zum frühest möglichen Zeitpunkt ihre Hilfe anbieten und zumeist keine Rücksicht auf Deine momentane Befindlichkeit legen. Sie überrumpeln Dich mit Ihrer Fürsorge, um die Du sie nicht gebeten hast. Menschen mit einem Helfersyndrom schreiten ungefragt zur Tat und das kann für Dich ziemlich anstrengend und überfordernd sein.
Daher bitte ich Dich noch einmal eindringlich, besonders achtsam zu sein, mit welchen Menschen Du Dich umgibst und wem Du Dich anvertraust.
Du hast jedes Recht, NEIN zu sagen und es ist ein Liebesdienst an Dich selbst, gut auf Dich aufzupassen in dieser schweren Zeit!

Wie bereits erwähnt, fehlen uns Menschen oft die Worte, wenn es um so einschneidende und lebensverändernde Erlebnisse geht, wie den Tod eines geliebten Menschen zu betrauern.

Was es gerade den Menschen leichter macht, die sich wirklich um Dich sorgen und denen Dein Wohlergehen am Herzen liegt: Wenn Du klar sagen kannst, was Du brauchst.

Auch da haben wir oftmals einen Nachholbedarf, weil unsere eigentlichen Bedürfnisse so sehr vom Alltag überlagert sind, dass wir sie selbst oft gar nicht mehr wahrnehmen.

## Erste Hilfe:

Wenn Du in der Situation bist, dass Du im Gefühlswirrwarr zu ersticken drohst, dann stell Dir folgende Fragen:
Was braucht meine Seele jetzt?
Was braucht mein Körper jetzt?
Wen möchte ich um mich haben?
An wen kann ich mich mit meinem Anliegen bestmöglich wenden?
Oft sind es Antworten auf diese einfachen Fragen, die Klarheit und Vertrauen bringen.

Wenn Du die Antworten nicht unmittelbar wahrnehmen kannst, dann ist das auch in Ordnung. Deine Seele braucht Zeit. Aber sie kennt den Weg. Immer.

Wenn Du Dich mit einem Menschen Deines Vertrauens umgibst, dann wird nicht nur er oder sie die richtigen Worte finden, auch Du wirst den Raum haben – ganz so wie es Dir entspricht – über Deinen Verlust sprechen zu können.
Vielen Menschen ist es eine große Hilfe, wenn sie sich in ihrem Schmerz mitteilen können, wenn jede Emotion Platz findet und nichts bewertet wird.

Unsere Gesellschaftsstrukturen brauchen mehr denn je Möglichkeiten für echte Kommunikation, ob am Arbeitsplatz oder im sozialen Leben.

Leider haben die meisten von uns gelernt, ihre wahren Gefühle für sich zu behalten. Das trifft wahrscheinlich noch einmal mehr zu, wenn Du als Mann groß geworden bist. Aber auch wir Frauen haben großen Bedarf an echtem und wahrhaftigem Austausch abseits aller Oberflächlichkeiten und Konventionen.

Situationen, in denen wir Trauer verspüren, öffnen oftmals ganz neue Räume, um mehr Wahrhaftigkeit und Tiefe in unsere Beziehungen zu bringen.

*„Damit die Menschen eine*
*Türe öffnen müssen sie wissen*
*wer davor steht."*
*(Anke Maggauer-Kirsche)*

Trau Dich, den ersten Schritt zu machen! Zeig, wer Du wirklich bist und was Du wirklich fühlst!

# 8. Mit Ritualen durch die dunklen Tage

Rituale sind Ankerpunkte für uns Menschen, die uns immer wieder ins Hier und Jetzt zurückbringen, Fixpunkte in der Hektik des Alltags, auf die wir uns verlassen können, die uns auffangen und uns Halt geben, wenn der Sturm des Lebens tobt.
Genau deshalb möchte ich ihnen hier ein eigenes Kapitel widmen.
Für Dich in Deiner Trauer.
Denn ich kann mir gut vorstellen, dass Du Dich momentan nach etwas sehnst, das Dir Trost, Sicherheit und Vertrauen schenkt.

Vor allem unser Vertrauen wird in dieser herausfordernden Zeit des Trauerns immer wieder auf die Probe gestellt.
Unser Vertrauen ins Leben wie in den Tod.
Unser Vertrauen darauf, dass es viel mehr gibt, als wir mit unseren Augen jemals sehen können.
Der Tod zwingt unseren Verstand dazu, den geliebten Menschen ziehen zu lassen.

Aber er zwingt auch unser Herz – Dein großartiges und wunderbares Herz – dazu zu vertrauen.
Denn es gibt sie, die andere Seite, die genauso zum Leben gehört wie der Tod.

Und nur Dein Herz kann das erkennen.
Und nur Dein Herz kann das wissen.
Unser Alltag heutzutage wird zum allergrößten Teil vom Verstand beherrscht. Versteh mich bitte richtig, das ist gut und wertvoll so.
Jedoch wird ein sehr großer Teil unseres Menschseins dabei stetig außer Acht gelassen.

Jener Teil, der nach wie vor wissenschaftlich nicht messbar
ist.
Jener Teil, der uns Menschen ebenso ausmacht, wie die rationale Seite des Verstandes.
Jener Teil, der uns Menschen mit allem was ist, in tiefe
Verbindung treten lässt.
Jener Teil, der uns erkennen lässt, dass nichts und niemand
für immer verloren geht.

Und genau diesen Teil in Dir möchte ich erreichen.
Genau dieser Teil von Dir ist heil, ganz und tief verbunden
mit dem Mysterium, das wir Leben nennen.

Ich möchte Dir „Werkzeuge" an die Hand geben für Zeiten,
in denen der Sturm tobt und in denen Du Dich hilflos und
haltlos fühlst in Deinem Schmerz.

Lass Dich ein auf Rituale, die Dich durch Deinen Schmerz
begleiten, Dir Verbundenheit mit allem, was ist, schenken
und Dich Vertrauen lehren, dass Dein geliebter Mensch
auch weiterhin in Deinem Leben und an Deiner Seite ist –
lediglich in anderer Form.

**Erste Hilfe:**



> *„Ich bin von Euch gegangen.*
> *Nur für einen kurzen Augenblick*
> *und gar nicht weit.*
> *Wenn Ihr dahin kommt,*
> *wohin ich gegangen bin,*
> *werdet Ihr Euch fragen,*
> *warum Ihr geweint habt."*
> *(Laotse)*

Und auch wenn wir das aus tiefstem Herzen wissen, so ist doch jedes Abschiednehmen eine riesige Herausforderung für uns und wohl eine der schwierigsten Aufgaben, die wir Menschen zu lernen haben.
Folgende Rituale können Dir helfen, Trost und Vertrauen zu finden:

<u>Zünde täglich das Licht einer weißen Kerze an</u>

Viele Menschen und Traditionen glauben, dass die Seele des verstorbenen Menschen ins Licht geht, nachdem sie den Körper verlässt.
Das Licht ist ein Symbol für alles Schöne, Helle und Friedliche, das auf die Seele wartet.
Zünde auch bei Dir zuhause täglich eine weiße Kerze an
Die Farbe Weiß steht für Einheit und Harmonie.
Das Licht der weißen Kerze ist ebenso ein Symbol für die Freiheit der Seele. Alle irdischen Anhaftungen dürfen gehen.
Wenn Du die Kerze anzündest, dann spüre die Verbindung mit Deinem verstorbenen Menschen in Liebe und Leichtigkeit. Alles ist auf ewig miteinander verbunden.

<u>Hänge ein Bild Deines geliebten verstorbenen Menschen in Deinen Wohnräumen auf.</u>

Wenn es Deine Trauer zulässt, hänge ein Bild Deines geliebten verstorbenen Menschen auf.
Ganz gleich, wie Eure Beziehung zu Lebzeiten war, empfehle ich Dir, das Bild irgendwo in Deinen Wohnräumen
aufzuhängen. Dein Schlafzimmer soll ganz allein für Dich
(Deine Familie) reserviert sein.

Wenn Du möchtest, kannst Du nun folgendes Ritual, folgende Geste – einmal oder mehrmals täglich – in Deinen
Alltag einbinden:

Verbeuge Dich in liebevoller Dankbarkeit vor Deinem geliebten verstorbenen Menschen. Entweder physisch oder
auch nur in Gedanken. Ganz gleich wie Eure Beziehung zu
Lebzeiten war, seid ihr doch immer noch miteinander verbunden.
Wenn Du die Beziehung als positiv erlebt hast, wird es Dir
leicht fallen in ein Gefühl tiefer Liebe und Dankbarkeit zu
kommen.
Aber auch, wenn dem nicht so war, konzentriere Dich auf
die Dankbarkeit und Du wirst Situationen oder Charakter-
züge des Verstorbenen erkennen, für die Du dankbar sein
kannst.

Auch Dankbarkeit ist eine Haltung der Liebe, die vielleicht
zu Lebzeiten nicht immer möglich war.
<u>Lass Dich vom „Mantra des liebenden Mitgefühls", OM
MANI PADME HUM, begleiten</u>

Es klärt Deine Gedanken.
Beruhigt Deinen Körper.
Tröstet Deine Seele.

Indem es immer wieder darauf Bezug nimmt, dass alles unendlich ist und nichts für immer verloren geht.

In vielen Traditionen ist es üblich zu beten, um dem verstorbenen Menschen zu gedenken und um das Beste für ihn zu ermöglichen.

Unabhängig davon, wie Deine Beziehung zu Deinem verstorbenen Menschen war, öffnet dieses Mantra Deinen Geist für die Liebe und das Mitgefühl und den ewigen sich wiederholenden Kreislauf aus Leben und Tod.

Mantra ist ein Wort aus dem Sanskrit, einer uralten indischen Schrift, und bedeutet so viel wie „Spruch, Lied oder Hymne".

<u>So kannst Du das Mantra in Deinen Alltag integrieren:</u>

Indem Du es oftmals hintereinander im gleichen Rhythmus wiederholst, laut leise oder nur in Gedanken, versetzt es Deinen Körper und Deinen Geist in Schwingung und verbreitet heilsame, Spannung lösende Energie.

Mit einem Mantra hast Du die Möglichkeit, Dich immer wieder zur Ruhe zu besinnen. Es kann in JEDER Situation angewendet werden und braucht lediglich Dein bewusstes Einlassen und stetes Wiederholen.

Du kannst das Mantra genauso sprechen wie es geschrieben steht, „Om Mani Padme Hum", oder auch die tibetische Aussprache verwenden, „Om Mani Peme Hung".

Du kannst Dir das Mantra aufschreiben, ausdrucken und gut sichtbar in Deinen Räumen aufhängen, damit Du immer wieder daran erinnert wirst.

Mit der Zeit wird sich die heilsame Energie immer schneller einstellen.

Du kannst dem Mantra auch eine Melodie geben. Am Kraftvollsten ist es dann, wenn der Rhythmus immer gleich bleibt und es oftmals hintereinander rezitiert wird (laut, leise oder in Gedanken).

Du brauchst keine Vorerfahrung im Rezitieren eines Mantras und es kann völlig unabhängig von Deiner Weltanschauung und Religion gesprochen werden.

Du kannst es in Meditationshaltung rezitieren, vor dem Einschlafen, oder auch während der Arbeit und in jeder Alltagssituation.

Besonders hilfreich kann es sein, wenn Du während des Rezitierens des Mantras ein Mandala zur Hand nimmst. Mandala ist ebenso ein Wort aus dem Sanskrit und bedeutet frei übersetzt so viel wie „Kreis, um den sich alles dreht" oder „Unendlichkeit".

Auf meiner Webseite **www.karinabriel.com** findest Du das Mantra-Mandala Download-Dokument. Das Mantra des liebenden Mitgefühls „Om mani padme hum" kann als wunderbares Ritual in Deinen Alltag integriert werden. Du bekommst eine genaue und verständliche Anleitung für Möglichkeiten dazu von mir an die Hand, die Dich auf dem Weg durch Deine Trauer begleiten sollen.

# 9. Du musst nicht loslassen!

Falls man heutzutage über den Tod spricht, fällt sehr oft das Wort „loslassen". Gerade in unseren Trauerphasen hören wir immer wieder einmal Sätze wie:

„Du musst endlich loslassen!"
„Wenn Du loslässt, wird alles gut!"
oder
„Erst wenn Du loslässt, wirst Du frei sein!"

Die meisten Trauernden können mit derartigen Sätzen nichts anfangen. Loslassen klingt so endgültig. Loslassen klingt so, als ob irgendwo willkürlich eine Grenze gezogen wird. So, als ob das, was nach dem Loslassen kommt, viel verlockender wäre.

Ist das so?

Ich denke derartige Meinungen beruhen darauf, dass es für uns Menschen viel leichter ist, einen Schlussstrich unter etwas zu ziehen, als unsere Anbindung über den Tod hinaus wahrzunehmen. Wir haben es einfach nicht gelernt. In einem Weltbild, das geprägt ist von Polarisierungen wie „gewinnen oder verlieren", „erschaffen oder vernichten", „leben oder sterben" gibt es heutzutage leider nur sehr wenige Möglichkeiten, ganzheitlich auf ein Thema zu blicken. Zu sehr sind wir getrieben von Vorstellungen, Mustern und Prägungen, die unser Verstand kreiert. Und das schon über Generationen hinweg.
Wir haben verlernt, mit dem Herzen zu sehen. Deshalb suchen wir nach Lösungen, die unser Verstand greifen kann.

**Warum ich Dir das erzähle?**

Weil ich möchte, dass Du mit Deinem Herzen wahrnimmst. Deinen lauten Verstand zur Stille mahnst, wenn Dir wieder jemand erzählt, dass Du loslassen musst!
Ich wünsche mir, dass mehr und mehr Menschen wieder den Frieden und die Anbindung im Leben finden, die vor langer Zeit verloren gegangen sind.
Als ehemalige Lehrerin und Mutter zweier Kinder wünschte ich mir sehnlichst, dass derartige Inhalte endlich im Schulsystem Platz fänden.

*„Dein großartiges und wunderbares Herz weist Dir den Weg durch Deine Trauer!"*

Aber bitte verstehe mich nicht falsch - loslassen, um weitergehen zu können, ist ein wichtiger Bestandteil vieler verschiedener Aspekte in unserem Leben. So dürfen wir Menschen und Beziehungen dann loslassen, wenn sie uns nicht mehr dienlich sind, wir dürfen festgefahrene Meinungen loslassen, wenn sie unser Vorankommen nicht mehr unterstützen, wir dürfen all das loslassen, das unsere Seele nicht nährt und erfreut.
Einen geliebten Menschen jedoch, dürfen wir mit unserem Vertrauen und unserer Anbindung an etwas Höheres, das unser Verstand nicht greifen kann, zwar ziehen lassen, die Verbindung jedoch bleibt hier, in unserem Herzen.

*„Gibt Dir das Halt?"*

Anbindung und Vertrauen zu kultivieren helfen Dir, wenn Deine Trauer Dich zu überwältigen droht.
Und damit meine ich keineswegs, dass Du Zuflucht in menschengemachten Religionen finden musst.
Ich meine jene Anbindung, die Dich durch Dein Leben führt wie an einer unsichtbaren Schnur.

Ich meine genau das Vertrauen, das Du sicher aus Situationen kennst, wo Du Dich so richtig eins gefühlt hast mit Dir und der Welt, wo Du erfahren hast, dass alles mit allem verbunden ist, wo Du den Gleichklang mit Deiner Seele gespürt hast.

Zu vieles in unseren Tagen und unseren Systemen entfernt uns von der Melodie unserer Seele. Leider zeigen auch viele Religionen ein Weltbild, das auf Schuld und Sünde aufgebaut ist und uns dadurch eher von uns selbst entfernt, als uns als göttliches und mit allem verbundenes Wesen wahrzunehmen.

Deine Trauer kann Dich dabei begleiten, wieder Zugang zu Deinem wunderbaren göttlichen Wesen, so wie es gedacht ist, zu finden.
Deine Trauer kann eine wertvolle Lehrmeisterin sein, alles erneut zu hinterfragen, zu suchen und zu erkennen, was das Wunder des Lebens vermag. Über alle Grenzen hinaus.

> *„Es ist absolut möglich, dass jenseits*
> *der Wahrnehmung unserer Sinne*
> *ungeahnte Welten verborgen sind. "*
> *(Albert Einstein)*

**Erste Hilfe:**

Wann immer Dir jemand sagt, Du sollst loslassen, Dich das aber verunsichert und schwächt, dann verbinde Dich mit Deinem göttlichen Selbst, Deiner Seele. Fühle bewusst die Verbindung Deiner Fußsohlen zur Erde, atme in den Bauch und lenke Dein Bewusstsein auf Deine Herzgegend. Fühle die Verbindung zu Deinem geliebten verstorbenen Menschen und zu allem, was ist.

Du wirst sehen, dass das Deine Anbindung und Dein Vertrauen stärkt und Du äußeren Einflüssen gegenüber unempfänglicher wirst.

Das bereits erwähnte Mantra des liebenden Mitgefühls „Om mani padme hum", das Du mit genauer Anleitung auf www.karinabriel.com findest, kann Dir dabei wertvolle Dienste leisten.

# 10. Gib Deiner Seele Zeit

Deiner Seele Zeit zu geben, klingt für Dich vielleicht erstmal so wie „Die Zeit heilt alle Wunden". Meiner Wahrnehmung nach ist das aber anders, eher so wie bei Rainer Maria Rilke:

***„Die Zeit heilt nicht alle Wunden, sie lehrt uns lediglich, mit dem Unbegreiflichen zu leben."***

Auf dem Weg durch unsere Trauer müssen wir durch viele Täler. Ab und zu erklimmen wir vielleicht auch den einen oder anderen Gipfel dabei – dann nämlich, wenn wir auf unserem Weg uns selbst oder unserem lieben Verstorbenen ein Stück näher kommen.

Während meiner Begegnungen mit Hinterbliebenen fällt mir sehr oft auf, dass sie sich die Zeit, die sie brauchen, um mit ihrem persönlichen Verlust zu leben, nicht zugestehen. Zum einen, weil unsere Gesellschaft keine Trauerkultur besitzt, in der es legitim und auch völlig normal ist, dass man sich eine ganze Zeit lang in einem Ausnahmezustand nach einem Verlust befindet. Zum anderen, weil viele von uns sich selbst nicht eingestehen wollen, dass etwas - oftmals so Verdrängtes wie der Tod - so viel einschneidende Veränderung mit sich bringen kann.

Viele von uns werden – bewusst oder unbewusst – oft jahrelang mit verschiedenen Situationen und Gefühlen konfrontiert, die darauf hindeuten, dass einiges nach einem erlebten Verlust womöglich verdrängt oder bagatellisiert wurde.

Damit möchte ich Dir auf keinen Fall Angst machen – ganz im Gegenteil! Ich möchte Dir den Druck nehmen, dass Deine Trauer ein Ablaufdatum haben muss! Natürlich ist die allerschwerste Zeit für viele jene, die unmittelbar auf den Verlust folgt und in der auch Du Dich wahrscheinlich gerade befindest.
Um es noch einmal zu betonen:

Deine Trauer ist einzigartig – und ebenso ist es die Zeit, die du brauchst, um die dunklen Täler zu durchschreiten!

Und falls Du Dich trotz allem fragst, wie lang der Weg noch dauern kann, dann lass mich dir folgendes sagen:

Womöglich wird sie Dich immer wieder einholen, Deine Trauer. Womöglich wird sie Dir immer wieder zeigen, wo Du noch hinschauen und hinspüren darfst. Womöglich wird sie sich verändern. Wahrscheinlich wird sie das. Aber wenn Du an diesem Punkt bist, an dem Du sagen kannst: „Ich weiß und spüre, dass meine Trauer da ist, aber ich kann mit ihr umgehen!", dann bist Du so weit, Deine Trauer als Begleiterin sehen zu können.

Verlange von Deiner Trauer nicht zu verschwinden, verlange von Dir nicht, es „schaffen" zu müssen. Hab Vertrauen, dass der Tag kommt, an dem Deine Trauer Dich begleitet, Dir Mut macht und Vertrauen lehrt!

*„Die Trauer hört niemals auf, sie wird ein*
*Teil unseres Lebens.*
*Sie verändert sich und wir ändern uns mit ihr!"*

## 11. Wie geht es weiter, wenn der Alltag wieder da ist?

Wenn Du bis hierher gelesen hast und sich meine Worte zu weiten Teilen stimmig für Dich angefühlt haben, dann bin ich davon überzeugt, dass Du Schritt für Schritt dorthin kommst, wo ein „normaler" Alltag wieder beginnen kann. Für eben diesen möchte ich Dir etwas an die Hand geben, das in Dir beheimatet ist und Dich mal lauter, mal leiser, durch Dein Leben führt:

Deine innere Weisheit!

Damit meine ich jene Stimme in Dir, die völlig unabhängig von Deinem Verstand existiert. Du kannst sie auch Deine Intuition, Dein Bauchgefühl, Dein Herzenswissen oder die Quelle, aus der Du Deine Wahrheit schöpfst, nennen.

Der Alltag nach einem erlittenen Verlust kann heilsam sein, jedoch auch besonders fordernd. Vor allem dann, wenn viele Situationen auftreten, die man so noch nie erlebt hat – ohne das Beisein des geliebten verstorbenen Menschen. Geburtstage, Weihnachten und alles, das man gemeinsam erlebt und geliebt hat, bekommen jetzt eine völlig neue Bedeutung.

**Erste Hilfe:**

Lass Dich in herausfordernden Zeiten von Deiner Weisheit führen. Glaube nicht alles, was Du denkst und was Dir von außen vermittelt wird. Suche jeden Tag den Zugang zu Deinem Inneren. Zugang zu dem Teil in Dir, der immer schon war und immer sein wird. Zugang zu Deiner Seele. Sie ist die Essenz Deines Lebens und sie ist es, die Dich mit Deinem geliebten verstorbenen Menschen für immer verbindet.

Ich kann mir gut vorstellen, dass es Tage geben wird, an denen Dir das schwer fällt. Unser Leben ist gefüllt mit Dingen und Situationen, die uns ständig in Bewegung halten und unseren ohnehin lauten Verstand füttern. Wir verlieren dann schnell den Zugang zu uns selbst. Deine Trauer verschwindet wahrscheinlich trotzdem nicht. Sie wird sich auch im Alltag immer wieder bemerkbar machen. Je weiter Du von Dir weg bist, umso mehr. Vielleicht nicht durch bewusste Traurigkeit, sondern durch ein Gefühl der Leere und des Verlorenseins.

Den Zugang zu Deiner inneren Weisheit finden

Suche Dir einen Ort, an dem Du ungestört sein kannst. Setze oder lege Dich auf den Boden. Oft hilft es, wenn wir uns, um besseren Zugang zu unserer inneren Weisheit zu erlangen, mit einem guten Duft umgeben. Zünde ein Räucherstäbchen an oder verwende eine Duftlampe mit Deinem Lieblingsöl.
Ich empfehle Dir dazu zum Beispiel „Myrthe" oder „Muskatellersalbei".
Konzentriere Dich auf Deine Atmung. Bei jeder Ausatmung darf etwas gehen, das Deinen Kopf füllt. Atme es ganz bewusst in den Boden aus.

Deine Gedanken sind nicht Du!

Komm immer mehr in Deine Herzgegend. Dorthin, wo
Deine Weisheit zu Hause ist.
Wenn Du magst, stelle nun eine Frage an Deine Intuition.
Frage zum Beispiel, wie es Dir gelingt, noch besser mit
Deiner Trauer umzugehen. Stelle Fragen und Du wirst die
Antwort erhalten. Manchmal braucht es ein wenig Übung,
um wirklich Zugang zur inneren Weisheit zu erlangen.
Hab' Geduld, denn – wie ich bereits sagte – Deine Seele
kennt den Weg. Immer!

Lade Deine innere Weisheit ganz bewusst ein, Dich durch
Deinen Alltag zu begleiten. Mach Dich jeden Tag ein
Stückchen mehr mit ihr vertraut. Sie ist der Anker, der Dich
hält und der Antrieb, mit dem Du voller Vertrauen durchs
Leben gehst.
Kultiviere Achtsamkeit im Umgang mit ihr – jenseits Deines Verstandes, der Dich in Deiner Trauer niemals ausreichend auffangen kann. Du bist so viel mehr als Dein Verstand. Gerade in Zeiten, in denen wir trauern, dürfen wir
das Geschenk unseres Seins auf ganz neue Weise kennenlernen.

Wenn Du Deiner inneren Weisheit gestattest, einen Platz
in Deinem Alltag zu finden, wird Dich das Deinem geliebten verstorbenen Menschen und Dir selbst ein großes Stück
näher bringen!
Feiere auch weiterhin Feste und gemeinsame Rituale mit
Deinem geliebten verstorbenen Menschen – lediglich in
anderer Form.

<u>Feste und Rituale</u>

Der erste Geburtstag, das erste Weihnachtsfest oder auch
der erste warme Frühlingstag ohne den geliebten verstorbenen Menschen an Deiner Seite tut besonders weh. Du
stehst vor einer völlig neuen Situation und gerade in diesen

Tagen kann es sein, dass Deine Trauer sich so richtig auf-
bäumt.

Ich empfehle Dir, diese Tage bewusst zu gestalten und so
neue, liebevolle Rituale zu erschaffen, die Dich begleiten.
Meine allerliebste Verbindung zu Verstorbenen ist das
Licht. Wähle eine Kerze und zünde diese an besonderen
Tagen an. Vielleicht hast Du sogar Lust, selbst eine Kerze,
ganz im Sinne des Verstorbenen, zu gestalten.

Kultiviere, gerade an diesen Tagen, an denen Deine Trauer
Dich einnimmt, die Dankbarkeit. Dankbarkeit empfinden
zu dürfen ist ein großes und wunderbares Geschenk. Ein
Geschenk, das Du Dir selbst und Deinem geliebten verstorbenen Menschen machst.

Nimm Dir die Zeit, dankbar zu sein!

*„Je schöner und voller die Erinnerung, desto schwerer ist die Trennung. Aber die Dankbarkeit verwandelt die Erinnerung in eine stille Freude. Man trägt das vergangene Schöne nicht wieeinen Stachel, sondern wie ein kostbares Geschenk in sich."*
*(Dietrich Bonhoeffer)*

Geh den Weg mit Deiner Trauer erhobenen Hauptes.
Lass Dich durch sie lehren, was wahre Stärke und Vertrauen bedeuten.
Lausche dabei Deiner Seele – sie kennt den Weg. Immer.
Ich wünsche Dir von Herzen, den Mut und die Kraft für diesen Weg!

*„Zu Deinem Wohl.
Und zum Wohle aller fühlender Wesen!"*

Deine Karin

# Über mich

Über mich – wer ich bin und warum es mir so ein Anliegen ist, Dich in Deiner Trauer zu unterstützen!

Ich grüße Dich noch einmal herzlich und möchte Dir hier ein bisschen etwas von meiner persönlichen Geschichte erzählen, die mich letztendlich dazu gebracht hat, als Trauerrednerin zu arbeiten, trauernde Menschen zu begleiten und natürlich auch dieses Buch zu schreiben.

Ich konnte Trauer fühlen, immer schon. Seit ich denken kann, habe ich die Trauer bei anderen Menschen wahrgenommen, auch wenn diese selbst noch gar keinen Zugang dazu hatten. Über meinen eigenen Körper und seine hochsensiblen Antennen habe ich schon sehr früh erfahren, wie sie sich anfühlt, die Trauer mit all ihren Facetten.

Bereits als Kind hat mich das oftmals mit viel Schwere erfüllt. Nach und nach habe ich erfahren, wie viel der bei anderen wahrgenommenen Trauer auch in mir selbst vorhanden ist.
Ich stamme aus einer Familie, in der der Tod und die damit verbundene Trauer keine Worte bekommen haben. Unter anderem hat der Selbstmord meines Großvaters tiefe Spuren im gesamten System hinterlassen. Vor allem an mir heften diese Spuren seit jeher und ich habe lange gebraucht, Abstand und Klarheit zu gewinnen.
Es gab viele Jahre meines Lebens, in denen ich nicht einmal an einem Friedhof vorbeigehen konnte, hat mir doch alles mit Tod und Trauer in Verbindung stehende, schreckliche Angst gemacht. Ich war absolut überfordert mit meinen Wahrnehmungen und Empfindungen diesbezüglich, die oftmals über die 5 Sinne hinaus gingen...

Nun ja, dass ich jetzt zumeist mehrmals die Woche am Friedhof bin, um einen Menschen würdevoll zu verabschieden, verdanke ich treuen Wegbegleitern, die mich mit meinen Ängsten und Empfindungen aufgefangen haben und mich auf dem Weg in meine Kraft und Klarheit unterstützt haben.

Heute weiß ich mit meinem Herzen, dass der Tod niemals das Ende ist, lediglich eine Brücke auf die andere Seite, die unser Verstand nicht fassen kann. Wir stehen in ständiger Verbindung mit dieser anderen Seite, wenn wir es denn zulassen.

Es ist an der Zeit, neue Wege zu gehen, neue Brücken zu schlagen und endlich wieder zu vertrauen – dem Leben, der Liebe und allem, was ist. Es ist alles gut!

# Das Tabuthema Tod

Eine Weisheit aus dem Buddhismus besagt:

*„Sei gegenwärtig in allem, was Du tust.*
*Die einzige Wirklichkeit ist jetzt.*
*Solange Du Vergangenem nachhängst,*
*oder Zukünftigem nachstellst,*
*bist Du nicht wirklich im JETZT am Leben."*

Diese paar Sätze sagen so unendlich viel darüber aus, warum wir als Gesellschaft mit dem Tod nicht umgehen können - Wir können nicht leben.

Wir haben verlernt, was es bedeutet, im Hier und Jetzt zu sein. Wir hängen in der Vergangenheit und haben Angst vor der Zukunft.
Wir versuchen mit aller Kraft alles Mögliche festzuhalten und haben kaum mehr einen natürlichen Zugang zum Leben.

Ich hoffe, Du siehst es mir nach, wenn ich hier sehr verallgemeinernd bin. Mir ist sehr wohl klar, dass es viele Menschen gibt – und es werden immer mehr – die ihr Leben sehr bewusst gestalten. Doch so etwas lernen wir nach wie vor nicht in der Schule, den Umgang mit dem Leben und dem Tod. Wir lernen alles, was unseren Verstand mit Wissen füttert, aber nicht, was es bedeutet, am Leben zu sein. Was nützt es, wenn wir alles erdenkliche Wissen in uns aufsaugen, aber dabei keinen Zugang zu unserem Herzen finden? Rationales Wissen kann uns bei Vielem so unglaublich dienlich sein, aber kaum dabei, den Weg des Lebens erhobenen Hauptes, bewusst und präsent zu gehen. Dazu braucht es mehr. Mehr als die meisten unserer Schulen lehren.

Auch und vor allem die Corona-Pandemie zeigt uns auf, dass wir keine würdevolle Sterbekultur mehr haben. Mit aller Gewalt wird versucht, das Leben und das Sterben zu kontrollieren. Damit meine ich keineswegs, dass Prävention und Achtsamkeit potentielle Gefahren betreffend, nicht sinnvoll seien. Ich stelle lediglich in Frage, was uns dazu antreibt, das Leben um jeden Preis verlängern zu wollen und damit würdevolles Sterben oftmals unmöglich zu machen.

Das Leben und der Tod gehören zusammen. Wir müssen wieder lernen, Worte dafür zu finden. Worte, die uns dabei helfen, den Tod zu akzeptieren. Worte, die uns trösten und gleichzeitig mit der Gewissheit erfüllen, dass der Kreislauf des Lebens niemals sinnlos, sondern ein sich stetig wiederholender Übergang ist.

So oft nehme ich wahr, wie sehr ich mit meinen Worten, die ich finde, um einen Menschen würdevoll zu verabschieden, die Herzen der Menschen berühren darf. So viel Dankbarkeit darf ich erfahren, weil ich dadurch tief Verborgenes hierher in die Realität hole. Weil ich Worte finde, die ein lang dagewesenes Tabu brechen.

Hören wir auf damit, den Tod zu tabuisieren, denn damit schneiden wir uns in gewisser Art und Weise auch vom Leben ab. Vom Leben im JETZT. Vom Leben im Vertrauen. Vom Leben in tiefer Verbundenheit mit allem, was ist.

Machen wir uns und unseren Kindern und Kindeskindern dieses Geschenk!

# Männer trauern anders

Es sind wesentlich mehr Frauen, die ich die letzten Jahre begleiten durfte. Das liegt sicher zum einen daran, dass ich als Frau eben diese, meine Klientinnen, auch anspreche. Zum anderen aber wohl an der Tatsache, dass Männer mit Trauer einfach völlig anders umgehen.

Wir leben in einer Zeit, die nach wie vor gefüllt ist mit Klischees, wie Frauen und wie Männer zu sein haben. Dann wiederum gibt es vieles, das versucht wird, gleichzumachen. Bitte versteh mich richtig, ich bin absolut dafür, dass Frauen und Männer völlig gleichberechtigt sind, das steht völlig außer Frage.
Was mir nur sehr oft auffällt, ist, dass Unterschiede zwischen Männern und Frauen keine Daseinsberechtigung in unserer Gesellschaft mehr haben. Dabei erachte ich es als unglaublich wertvoll, wenn das Weibliche und das Männliche endlich wieder würde- und respektvoll nebeneinander und miteinander existieren.

Wie dem auch sei, Männer gehen anders mit Gefühlen um. Das ist absolut in Ordnung, solange sie sich selbst dabei nicht im Weg stehen. Und das passiert oft, weil sie im Zuge des erwachsen Werdens sehr stark von vorherrschenden Mustern und Normen geprägt werden. Sätze wie „Jungs weinen nicht!" oder „Sei ein Mann, stell Dich nicht so an!", sind keine Seltenheit.
Dass Gefühle für unser Leben eine enorme Bedeutung haben, wissen wir. Jedoch fällt es unserer Gesellschaft nach wie vor schwer, sie zu zeigen. Vor allem Männern und vor allem dann, wenn wir sie „negativ" bewerten.

Viele von uns haben es nie gelernt, ihren Gefühlen Ausdruck zu verleihen, Männer wie Frauen. Sensibel und berührbar durchs Leben zu gehen, ist für viele befremdlich. Wir können damit nicht umgehen. Nur allzu oft passiert es, dass wir, aufgrund unseres Unvermögens unsere und andere Gefühle „auszuhalten", diese ins Lächerliche ziehen oder sie verharmlosen.

<u>Was ich Dir damit sagen will?</u>

Nun, wenn Du ein Mann bist, der gerade trauert, dann bitte ich Dich aus ganzem Herzen, Deine Trauer bewusst zuzulassen, darüber zu sprechen und sie in Deinem Leben willkommen zu heißen. Deine Männlichkeit leidet dadurch keineswegs. Ganz im Gegenteil! Männer, die in ihrer Kraft sind und dabei trotzdem berührbar bleiben, braucht diese Welt!

Und allen Leserinnen möchte ich ans Herz legen, die Männer in ihrem Leben dazu zu ermutigen, ihre Trauer zuzulassen – jeder in seiner Art und seinen Möglichkeiten, aber mit dem Bewusstsein, dass gerade die Trauer eine so großartige Wegbegleiterin sein kann – für einen selbst, für seine Umgebung und für kommende Generationen.

# Schlusswort

In der Geschichte, in der eine alte weise Frau gefragt wird, was denn nach dem Tod sein wird, kommt ganz am Schluss ein Mädchen zu Wort, das alles, was zählt, wie folgt zusammenfasst:

*"Liebe", sagte das Mädchen, "unendliche Liebe wird sein, was sonst? Wenn man das Kleinste nicht bewundert und über das Größte nicht staunt, erkennt man es nicht. Wenn man genau hinsieht, sieht man Liebe, Liebe im kleinsten Teil und Liebe bis in die unendliche Ewigkeit.*
*Liebe wird sein, was sonst!"*

(zitiert aus „Der Kleine Prinz und die weise Frau begleiten durch Abschied, Tod und Trauer" von Frank Maibaum)

In Liebe,
Karin

# HAFTUNGSAUSSCHLUSS

Die in diesem Buch enthaltenen Informationen, Rezepte & Methoden dienen als Beispiele allgemeiner naturmedizinischer Begleitungen und zur Erhaltung alter Rezepturen. Alle Inhalte wurden sorgfältig zusammengestellt und geprüft. Die Anwendung der genannten Rezepturen ist stets achtsam und individuell abzuwägen und geschieht auf eigene Verantwortung. Die Apotheke oder Arztpraxis Deines Vertrauens kann Dir dafür gute Beratung bieten. Die enthaltenen Informationen ersetzen im Krankheitsfall nicht das Aufsuchen von medizinischem Fachpersonal. Alle Angaben in diesem Buch erfolgen ohne Gewährleistung oder Garantie seitens der Autorin. Eine Haftung der Autorin ist daher ausgeschlossen.

Impressum: Karin Abriel
@2021
Copyright und Datenschutz
Alle Rechte sind vorbehalten

www.ingramcontent.com/pod-product-compliance
Lightning Source LLC
Chambersburg PA
CBHW031142250726
48655CB00002B/800